Douceurs & gourmandises
au point de croix

スイーツのクロスステッチ
from Paris
42種のモチーフでつくるかわいい小物と雑貨

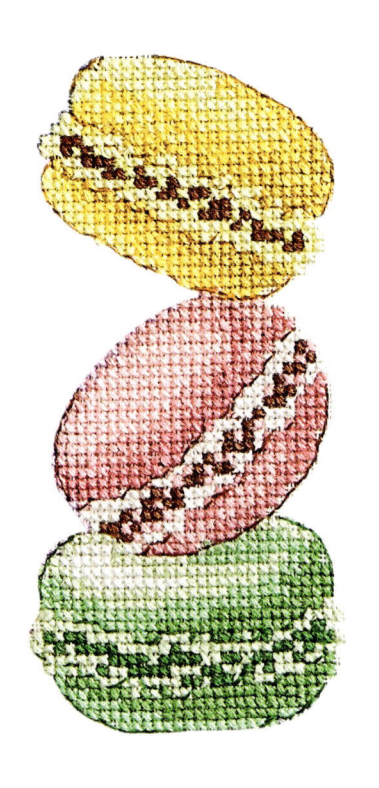

Remerciements

94 rue Victor Hugo
94200 Ivry sur Seine

Pour connaître le nom des distributeurs DMC dans votre région, écrivez à :
DMC CREATIVE WORLD - Service Commercial
5, avenue de Suisse
Zone industrielle de Mulhouse
BP 189
68314 Illzach cedex
ou téléphonez au 03 89 31 91 89
@ : www.dmc.com

L'éditeur remercie également :
Alinéa : www.alinea.fr
Potiron : www.potiron.com
Ladurée : www.laduree.fr

Un grand merci à Catherine qui nous a généreusement ouvert les portes de sa maison.

Direction éditoriale : Guillaume Pô
Édition : Christine Hooghe assistée de Julie Wullems
Direction de création : Laurent Quellet
Direction artistique : Julie Pauwels, Julie Mathieu
Mise en pages : Camille Fuger
Stylisme : Lélia Deshayes
Conception, réalisation et explications des ouvrages : Sylvie Blondeau
Fabrication : Thierry Dubus et Axelle Hosten
Photographie : Thierry Antablian

Douceurs & gourmandises au point de croix
Véronique Enginger

ISBN978-2-215-10131-4

First published in 2010 by
© Fleurus Editions
15-27 rue Moussorgski
75895 Paris, cedex 18, France

This Japanese edition was published in Japan in 2012 by
Graphic-sha Publishing Co., Ltd.
1-14-17 Kudankita, Chiyoda-ku, Tokyo 102-0073, Japan
Tel: +81 (0)3-3263-4318

ISBN978-4-7661-2310-4 C2077

Japanese text and instruction page 129-144
© 2012 Graphic-sha Publishing Co., Ltd.

All rights reserved. No part of this publication
may be reproduced, stored in a retrieval system, or
transmitted in any form or by any means, electronic,
mechanical, photocopying, or otherwise, without the
prior permission of the publisher.

Printed and bound in Japan

Japanese edition
Translation: Rica Shibata
Layout: Shinichi Ishioka
Page 129-144, tracing and layout: CRK design (Noriko Yoshiue, Kuma Imamura)
Jacket design: CRK design (Chiaki Kitaya)
Editor: Kumiko Sakamoto

Douceurs & gourmandises
au point de croix

スイーツのクロスステッチ
from Paris
42種のモチーフでつくるかわいい小物と雑貨

ヴェロニク・アンジャンジェ

作品制作：シルヴィー・ブロンドー

写真：ティエリー・アンタブリアン

グラフィック社

On les reconnaît les gourmands !

もう、食いしん坊なんだから！

手作りのムース・オ・ショコラを思いうかべては目がキラキラ、マカロンを見れば、たとえそれが写真でも、お口のセンサーがスイッチオン…。食いしん坊たちは、甘いデザートが登場したらもうメロメロです！

日曜日のりんごのタルト、おばあちゃんがくれたミント味のキャンディー、お祝いのドラジェ…。パティスリーや焼き菓子は、私たちの思い出を彩っています。誰にでも、自分だけのお気に入りのマドレーヌがあるように、気持ちがハッピーになるためのちょっとした"魔法"があるもの。たとえば、お気に入りのキャンディーやショコラ、お茶のひととき、クリームたっぷりのカップケーキ…。

口の中でゆっくりと溶けていくこの至福のときを、ひと針ひと針ステッチで閉じ込めて。

Sommaire もくじ

Douceurs d'exception
スペシャルなお菓子 … 6

- パティスリー王国で… 8
- お祝いの席 12
- 心を込めたメッセージ 16
- オープン・ハート! 20
- なごやかなセレモニー 22
- おくりもの 24
- 愛という星の下に 26
- 可憐なスパークリング 28
- マイルド・ハート 30
- 冬の陽光 32
- 甘酸っぱいのが好き! 34
- 偉大な菓子職人 36
- フルーツの美味 38
- チャーミングなレース 40
- ミルフィーユ 44
- おいしそうな装飾パターン 46

À l'heure du thé
お茶の時間 … 48

- 穏やかな時間 50
- 春色のマカロン 54
- お庭でティータイム 56
- 秋の味わい 58
- クリスマスのお楽しみ 60
- 手作りのティータイム 64
- ティータイム 68

- カップケーキ・マニア! 70
- かわいらしいルリジューズ 72
- アイスクリーム 76
- ローズ・ハーモニー 78
- ブルー・ティー 80
- ボンボン・アングレ 82

Goûters d'enfance
子供のころのおやつ … 84

- おやつの時間 86
- ベリー、ベリー! 88
- 100%ショコラ 92
- 日曜日の幸せなお菓子 96
- ストロベリー、それともアップル? 98
- ホームメイドのタルト 100
- 懐かしのコンフィズリー 104
- 童心にかえる喜び 108
- くまさんと思い出キャラメル 110
- おしゃべりなキャンディー! 114
- 小さな包み紙 116
- ハッピー・バースデー! 118
- お祭りの駄菓子 120

Techniques et conseils
テクニックとコツ … 124

Confection des ouvrages
作品を作る … 128

Réalisations
作品の作り方 … 129

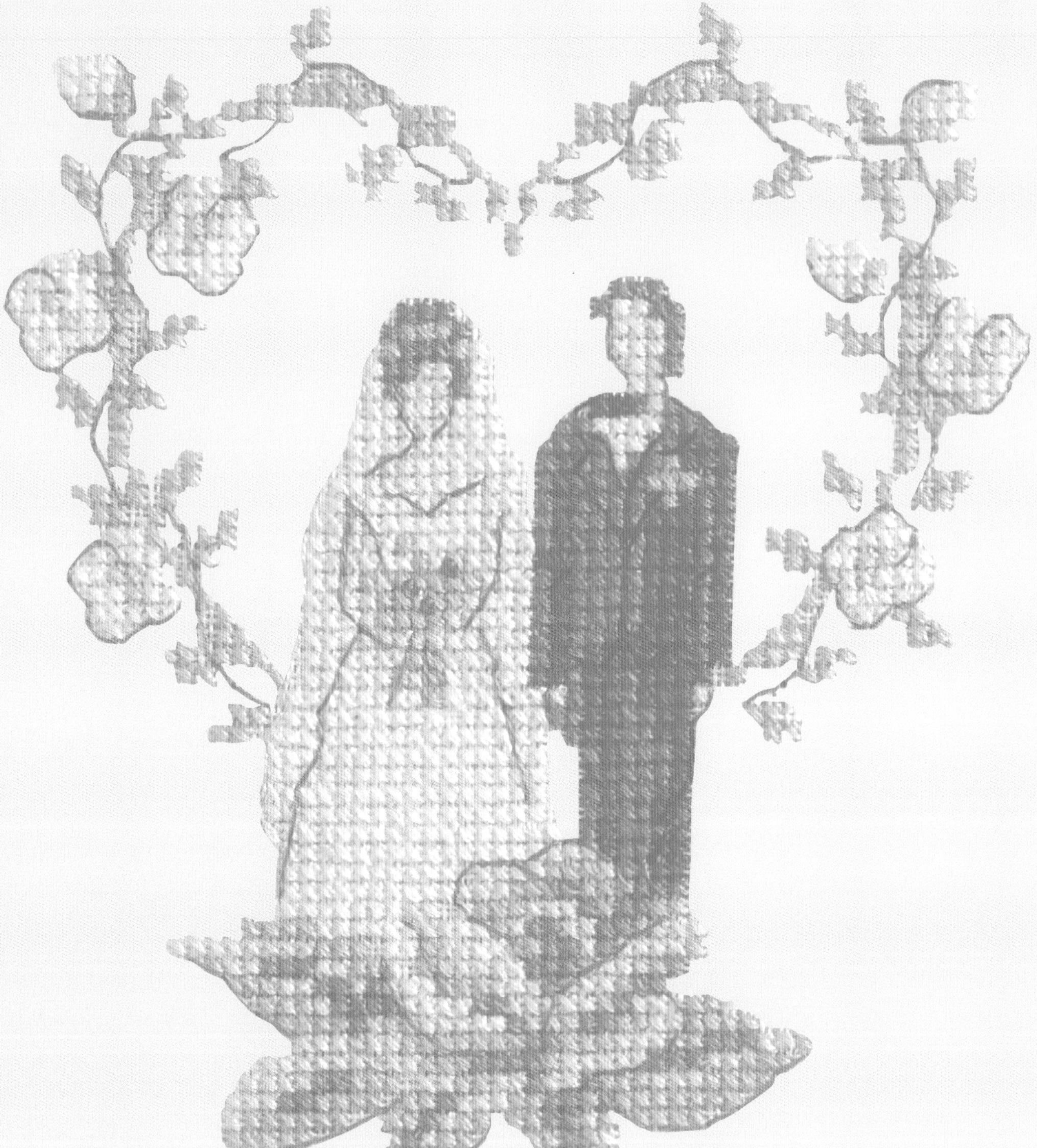

Douceurs d'exception
スペシャルなお菓子

Gâteaux

Fig. 1
Fig. 2
Fig. 3
Modèle n° 56
Modèle n°
série de 6 pièces

Au royaume des pâtisseries...
パティスリー王国で…

華やかなお菓子を生み出す道具たちに彩られた、この素敵なトレーマット。
あとは、洗練されたパティスリーを並べるだけ！

作品の作り方：P.134

— 3835

— 154

fig.1

fig.2

• 154

Modèle n° 56

DMC25番刺しゅう糸 ⋮ BLANC(白)　*アウトラインステッチ×1本どり
　　　　　　　　　　　　　　　　**フレンチノットステッチ

	154	—	154*
	3835	—	3835*
	554	•	154**

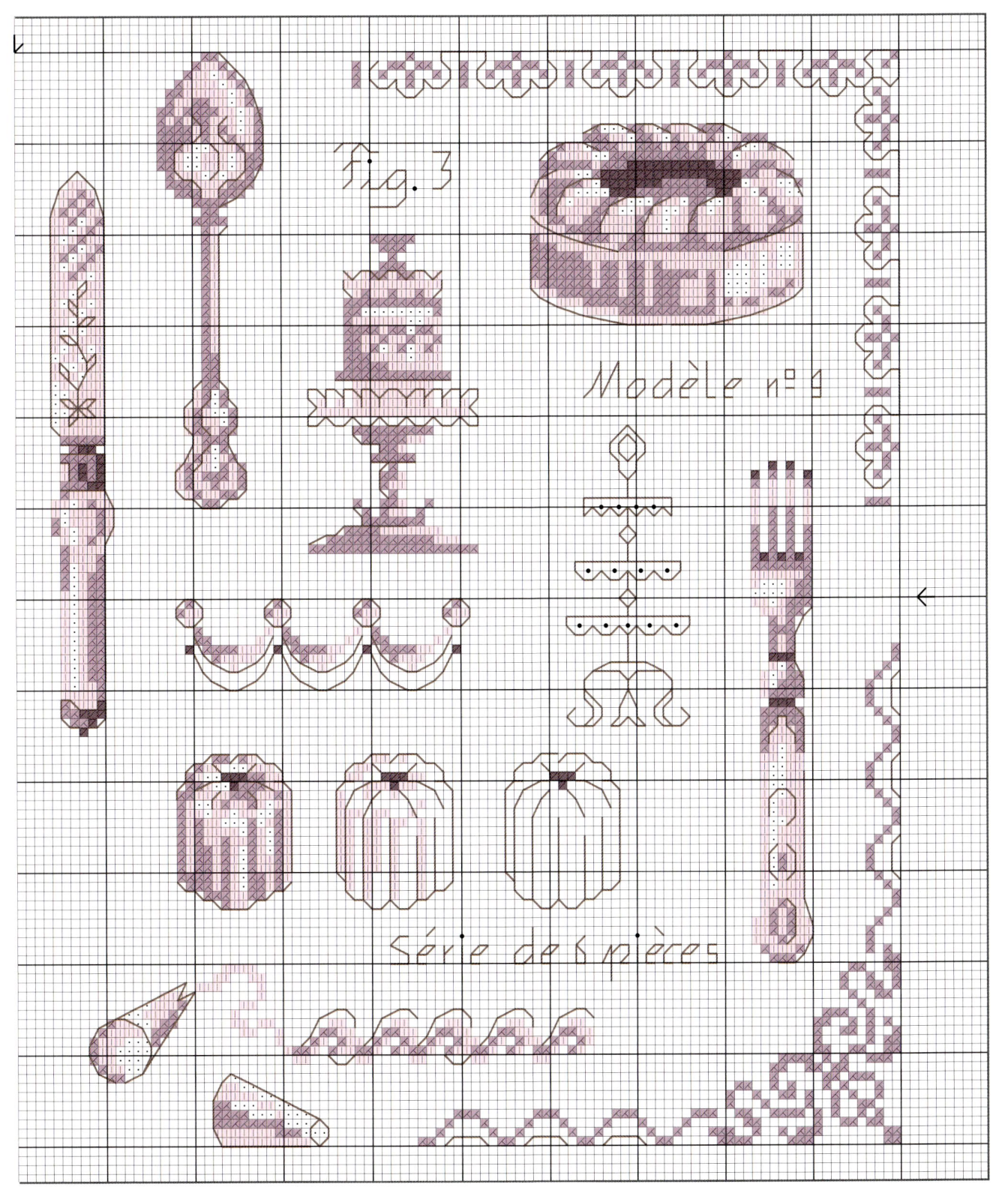

チャートをコピーすれば、見やすくなって作業もはかどります（各ページをコピーし、マス目の太いラインが一致するように2枚を貼りあわせる）。
矢印はチャート全体の中心を示しています。

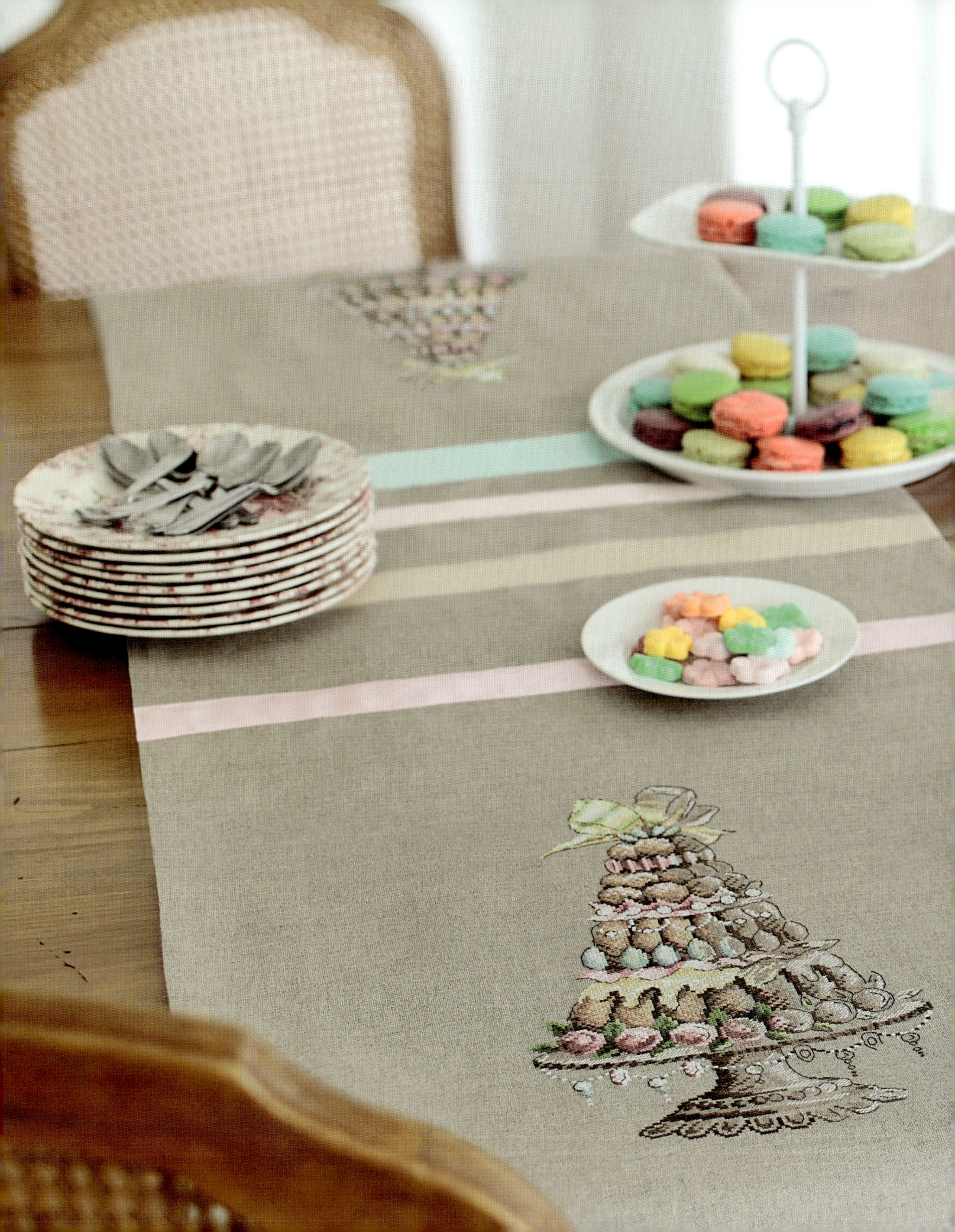

Célébrations

お祝いの席

家族やお友達との大きなイベントにあわせて、
この華麗なテーブルライナーを刺しゅうしましょう。

作品の作り方：P. 136

DMC 25番刺しゅう糸	3726	926	3348	3781***	*アウトラインステッチ×1本どり
3021	3688	598	677	840**	**ハーフステッチ×1本どり
840	3689	747	676	B5200**	***1本どり
3064	369	3362	3078	3021*	****フレンチノットステッチ
738	563	3347	B5200	3021****	

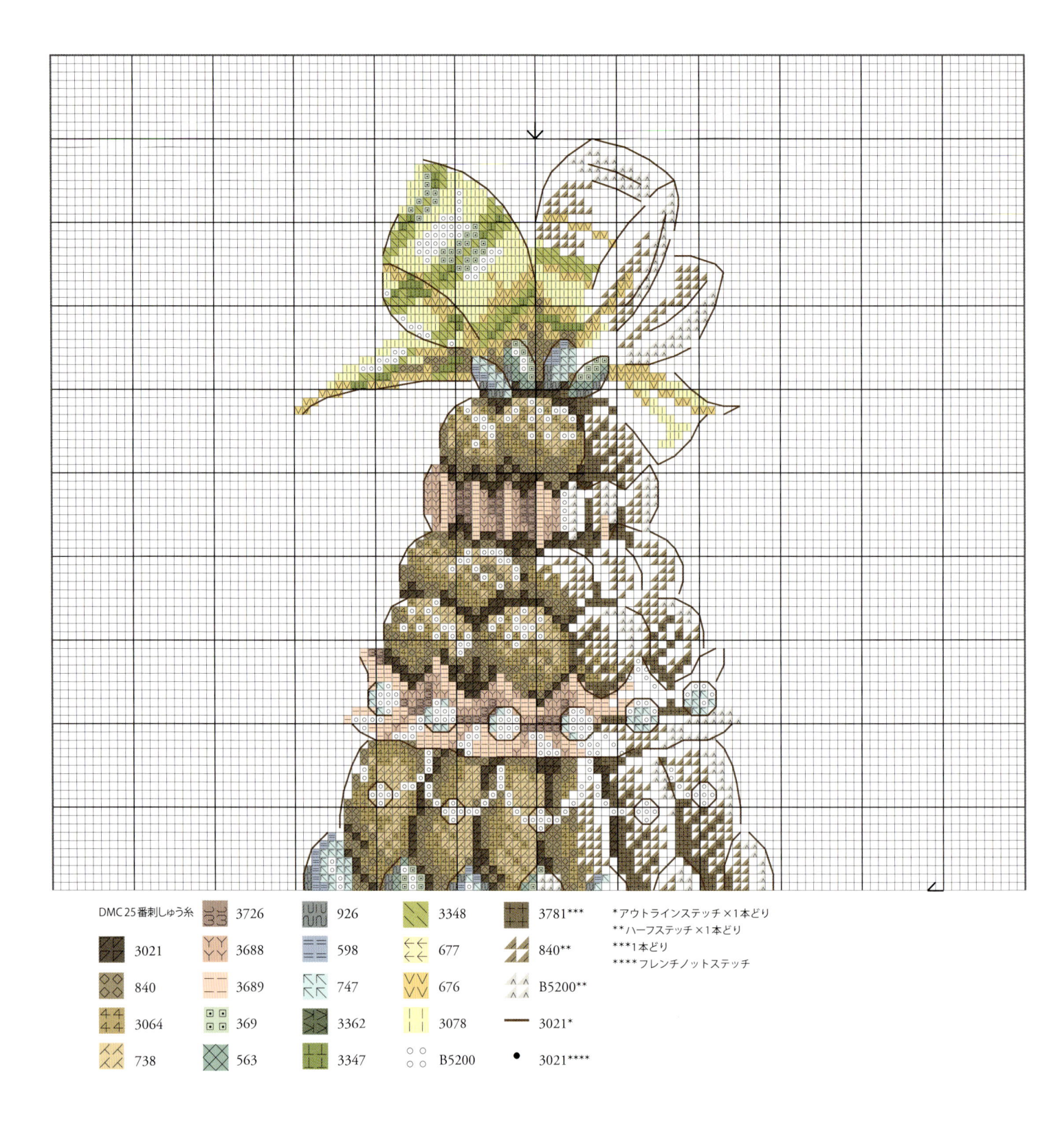

チャートをコピーすれば、見やすくなって作業もはかどります（各ページをコピーし、マス目の太いラインが一致するように2枚を貼りあわせる）。
矢印はチャート全体の中心を示しています。

Tendres messages
心を込めたメッセージ

刺しゅうを施したゲストブックは、新郎新婦への素敵な思い出のプレゼントになるはず。
ページをめくれば、参列者たちからのお祝いの言葉の花束が、抱えきれないほど！
新郎新婦の名前やイニシャル、挙式の日付を加えても。

作品の作り方：P.139

DMC 25番刺しゅう糸	3326	676	3607	153	3747	164	— 680*	— 3345*
	819	967	3823	3608	209	414	988	— 3607*	• 3607**
	963	680	BLANC(白)	3689	208	772	— 414*	— 333*

*アウトラインステッチ×1本どり　**フレンチノットステッチ

DMC 25番刺しゅう糸	BLANC(白)	3326	3689	988	3607*	*アウトラインステッチ×1本どり
680	819	3607	772	3345	3345*	**フレンチノットステッチ
967	963	3608	164	680*	3607**	

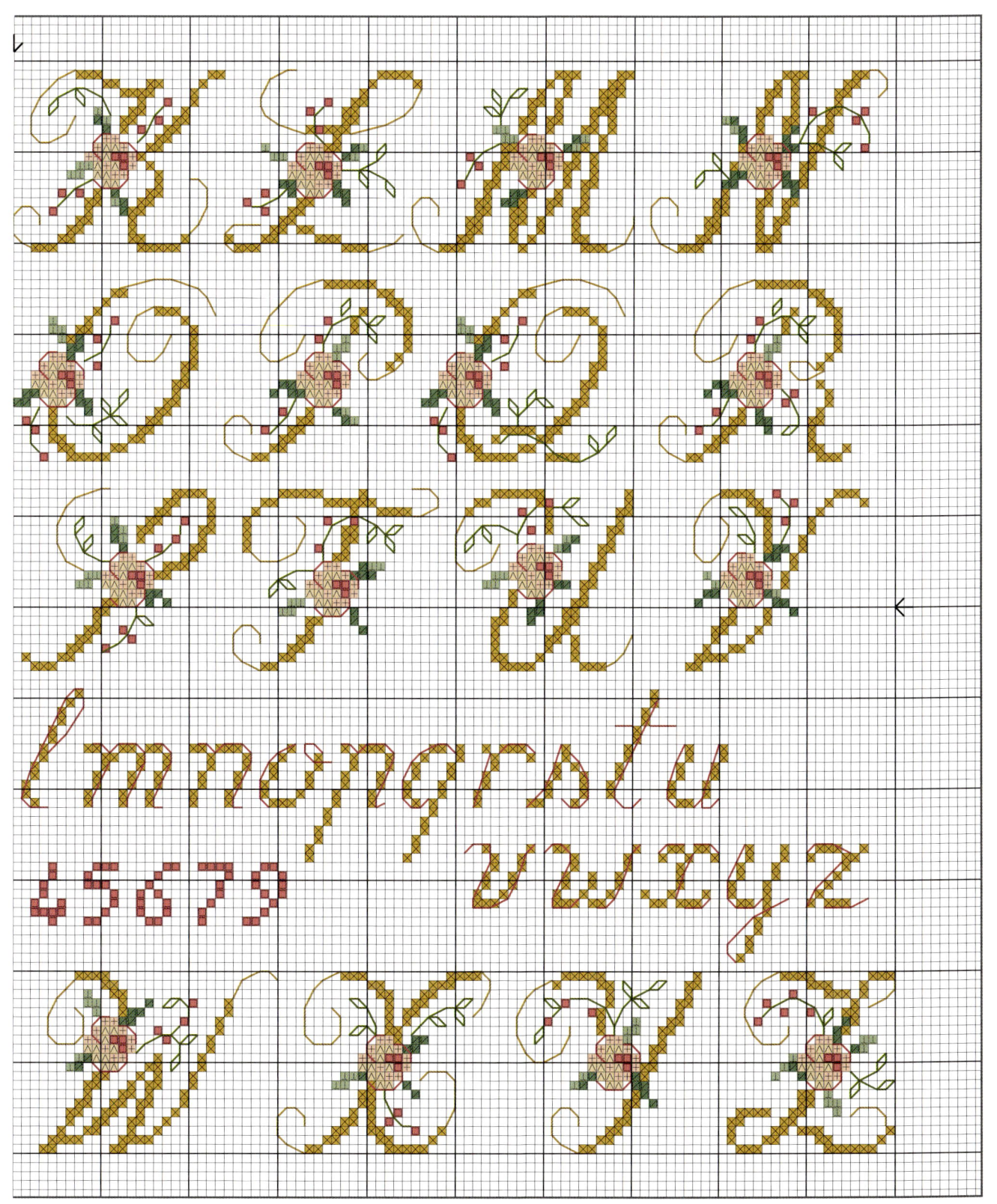

「livre d'or（ゲストブック）」（P.16の表紙の写真参照）の代わりに、左ページのバラの飾り罫をステッチしても素敵です。アルファベットの花文字は、ポイントステッチとしても使うのもおすすめです。

À cœur ouvert !
オープン・ハート！

バラのブーケ、エンゲージリング、贈り物…。結婚式の思い出を、刺しゅうで永遠に閉じ込めましょう。

DMC 25番刺しゅう糸	▲ 335	∴ BLANC(白)	Y 341	772	— 414*	— 676*	*アウトラインステッチ×1本どり
	819	4 680	◇ 738	414			**フレンチノットステッチ
				164	— 3799*	— 680*	
	963	676	3863	317	988		
	604	○ 3823	ǀ 3747	3799		— 335*	— 988*
						— 3863*	● 335**

Douces cérémonies

なごやかなセレモニー

洗礼式、結婚式、出産、ミサ…。
大切な瞬間を、すてきなモチーフで記憶に刻んで。

DMC 25番刺しゅう糸 ∴ BLANC(白)		3722		3839	164	— 317*	— 3722*
3863		963	○ 775	4 4 4 4 318	772	— 988*	— 3863*
3864		3716	3840	415	3823	— 3839*	— BLANC(白)*

*アウトラインステッチ×1本どり

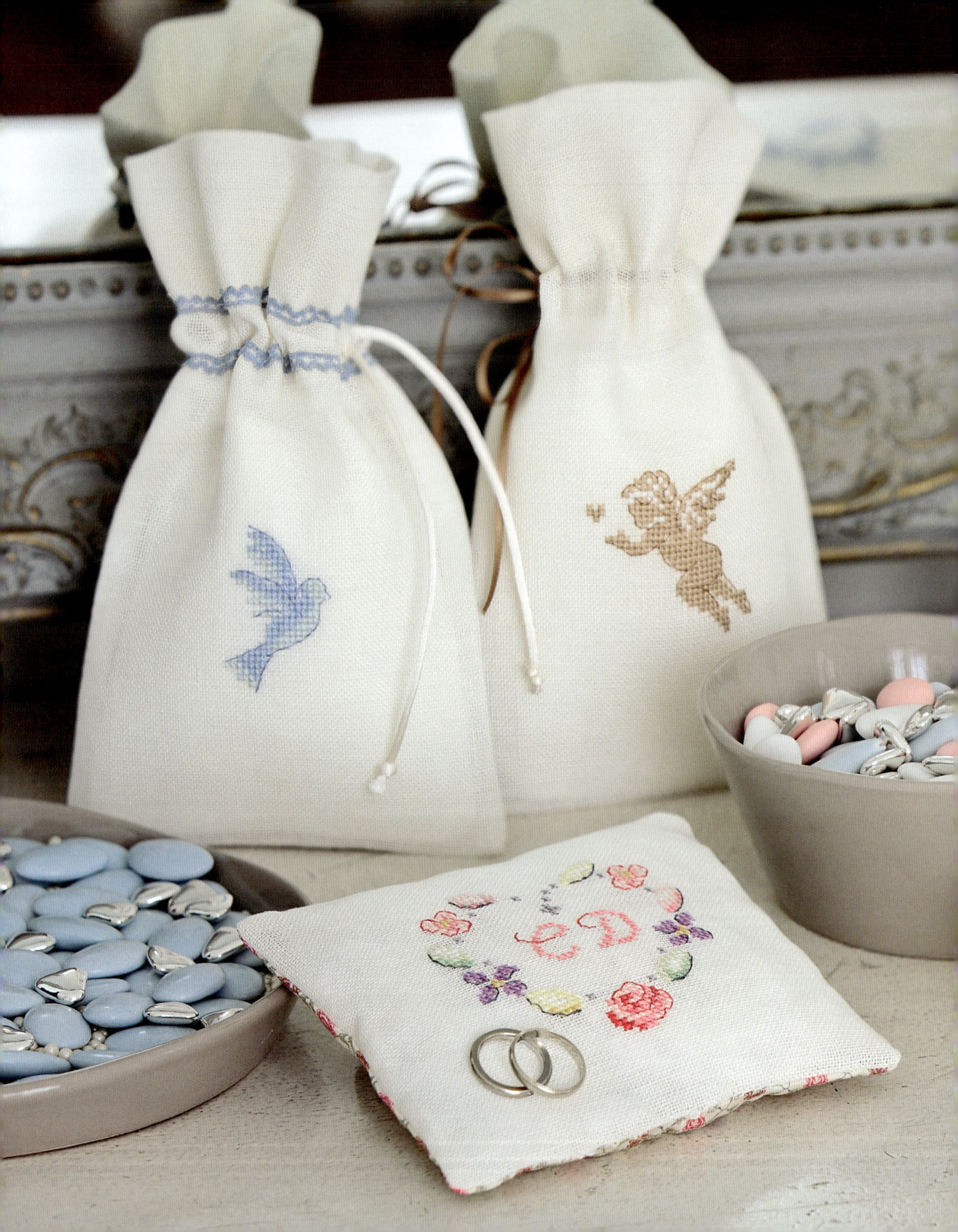
CD

Offrandes
おくりもの

刺しゅうを施した素敵な小袋、サシェにドラジェを入れて幸せのおすそ分け。
新郎新婦のイニシャルが入った上品なリングピローに並べる瞬間まで、
エンゲージリングをこのサシェにしまっておいても。

作品の作り方：P. 138 & 139

Sous le signe de l'amour

愛という星の下に

A…B…それともC? あなたが選んだお相手のイニシャルは?

DMC 25番刺しゅう糸									
++	335		3839		988		3864		676		318	— 335*
	963		3840		164		3862		3078	— 317*	— 3839*
	604	++	208		775		772		437	∴ BLANC(白)	— 3862*	— 988*

*アウトラインステッチ×1本どり

Bulles légères

可憐なスパークリング

1杯のシャンパンに、ショコラとメレンゲを添えて。
メリー・クリスマス＆ハッピー・ニュー・イヤー！

DMC 25番刺しゅう糸	152	B5200	435	433	3348	E3821	645*	841**
	818	738	677	453	645	164	B5200*	152*	414**
	761	746	676	451	3364	772	451*	3364*	318***

*アウトラインステッチ×1本どり　**1本どり　***ハーフステッチ×1本どり

29

Cœurs tendres

マイルド・ハート

ボンボンショコラの中には、プレーンなガナッシュや風味のついたガナッシュ、プラリネ・フォユティーヌ、リキッドキャラメル…。
この作品は、チョコレートマニアをとりこにするはず。

DMC 25番刺しゅう糸	434	∘∘ 739	318**	*アウトラインステッチ×1本どり **1本どり
3863	435	680	— 434*	
938	436	++ 3821	— 938*	
801	437	∴ BLANC(白)		

Soleils d'hiver

冬の陽光

果実のコンフィにパート・ド・フリュイ、マロングラッセ…。
お砂糖漬けの日々。この甘い誘惑に身をゆだねて！

DMC 25番刺しゅう糸											
	BLANC(白)		703		3805		435		726		3046	—	987*		3046**
	3371		452		164		917		433	—	433*	—	844*		645***
	844		988		605		3837		3853	—	3853*	—	3371*		3032***
	739		987		603		437		742	*アウトラインステッチ×1本どり　**ハーフステッチ×1本どり　***1本どり				

33

Parfums acidulés
甘酢っぱいのが好き！

このポーチは、アクセサリーやお気に入りのキャンディー、
お裁縫セットなどを入れるのにぴったり。

作品の作り方：P.140

DMC 25番刺しゅう糸	YY 352	959	209	434	746	959*	300*
	3326	369	964	727	300	739	3814*	729*
	3833	164	747	743	729	367	3833*	3776*
	3831	989	550	977	676	367*	3831*	3831**
	351	3814	208	3776	BLANC(白)	989*	550*	

*アウトラインステッチ×1本どり　**1本どり

Grande cuisine
偉大な菓子職人
手の込んだこのエプロンを身につければ、気分はシェフ・パティシエに。

作品の作り方：P.130

DMC 25番刺しゅう糸							
	818	3766	434	BLANC(白)	801*	*アウトラインステッチ×1本どり	**フレンチノットステッチ
3731	954	3761	436	318	3731*		
3733	955	747	745	317	3766*		
605	3819	801	726	317*	726**		

Délices fruités

フルーツの美味

とびきり洗練されたパティスリー？
舌においしいよりも先に、まずは目に美しいもの！

DMC25番刺しゅう糸						
	209	604	436	BLANC(白)	801*	*アウトラインステッチ×1本どり
518	552	818	738	745	436*	
3766	150	801	989	726	518*	
3761	3805	434	987	742		

Charmantes dentelles

チャーミングなレース

パステルカラーのレースペーパーの上にちょこんと、メルヘンチックなお菓子。このモチーフを、レトロな雰囲気のランチョンマット＆おそろいのナプキンリングに刺しゅうしましょう。

作品の作り方：P.135

DMC 25番刺しゅう糸	726		954		3833		209		3761		604*		3766*	*アウトラインステッチ×1本どり
	898		727		562		3831		208		3864		3831*		208*	**フレンチノットステッチ
	434		746		605		150		3834		562*		3834*		726*
	436		955		604		3805		3766		954*		898*	•	898**

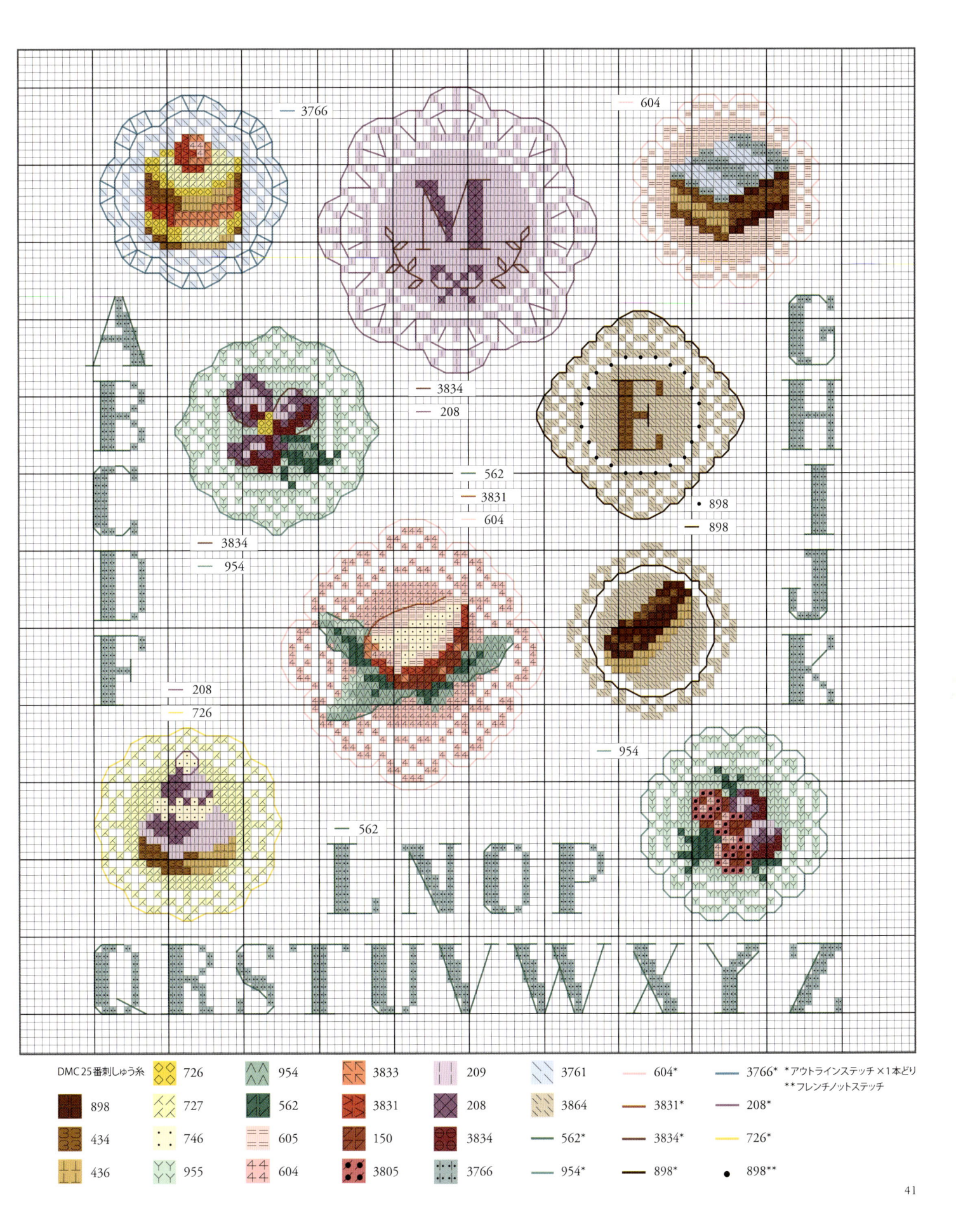

41

DMC 25番刺しゅう糸	436	746	562	3831	208		
898	738	772	605	150	3834		
434	726	955	604	3805	341		
435	727	954	3833	209	3761		

— 436
— 3831

— 898

— 3834

	3864	—	3831*	—	898*	*アウトラインステッチ×1本どり
—	562*	—	3834*	—	341*	
—	954*	—	435*			
—	604*	—	436*			

43

Millefeuille

ミルフィーユ

ミルフィーユをクロスステッチで再現。その一番の醍醐味は、
パイ生地、カスタードクリーム、それともフランボワーズ？
それは、やっぱり、ステッチを刺すこと！

Millefeuille aux framboises

DMC 25番刺しゅう糸									
	434	437	676	989	3685	— 158 *	318**
158	435	746	319	603	154	— 436*	157***
3839	436	745	987	3350		— 319*	• 158****

*アウトラインステッチ×1本どり　**ハーフステッチ×1本どり　***1本どり　****フレンチノットステッチ

Sculptures appétissantes
おいしそうな装飾パターン
アートとパティスリーが出会うとき、食いしん坊たちの目はキラキラ！

— 300
— 986

— 3350
— 301
— 840

— 3350

DMC 25番刺しゅう糸								
	301	900	727	543	3350*	986*	*アウトラインステッチ×1本どり	
	988	435	721	3078	3864	300*	164**	**1本どり
	938	436	3854	165	3350	301*	3689**	
	300	738	3821	BLANC(白)	3806	840*		

47

À l'heure du thé

お茶の時間

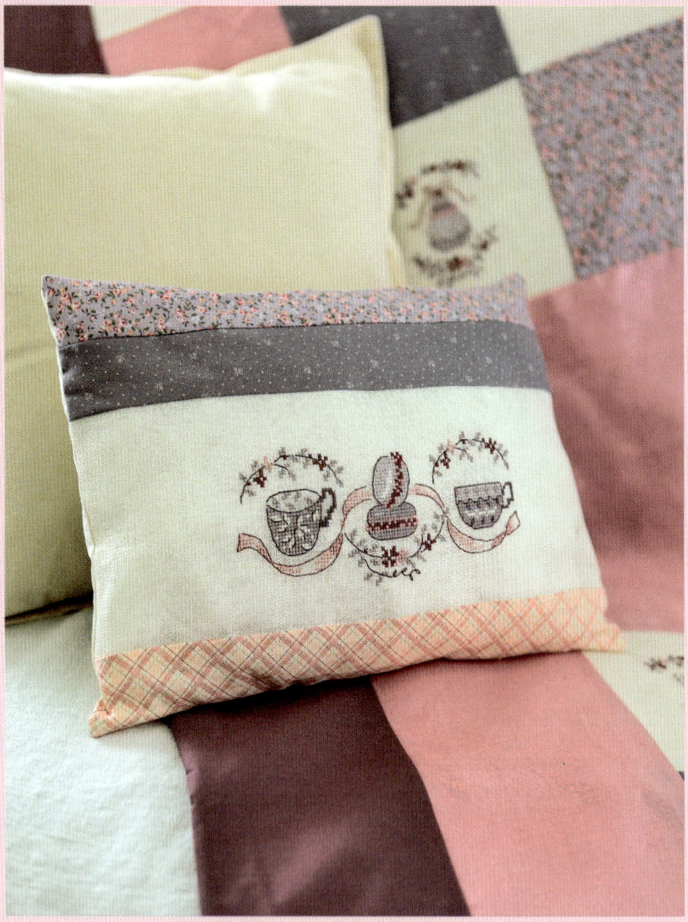
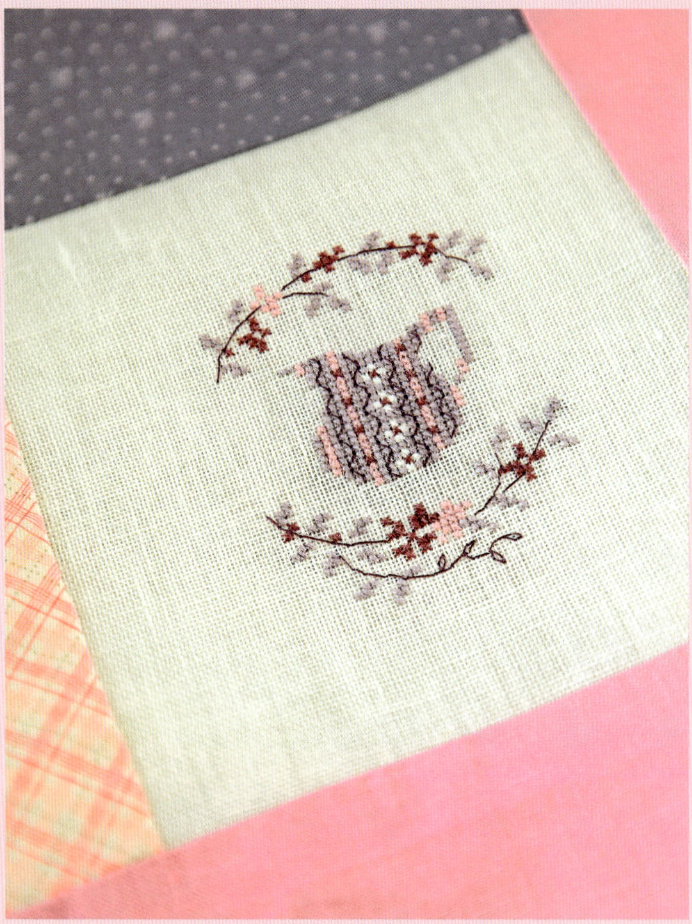

Sérénité

穏やかな時間

お茶とお菓子がもたらしてくれる、特別なひととき。
大切なティータイムを素敵に演出する、
淡いトーンのソファー掛け&クッションを作りましょう。

作品の作り方:P. 136 & 137

— 3726

— 3740

	DMC25番刺しゅう糸		3743		3726		3727**	*アウトラインステッチ×1本どり
	3041	:	BLANC(白)	—	3726*	—	3740*	**ハーフステッチ×1本どり
	3042		3727					

それぞれ個別のモチーフをリネンの中央にステッチします。チャートのモチーフ全体をまるごと刺して、額に入れても素敵です。

53

Macarons printaniers

春色のマカロン

ストロベリーやピスタチオ、スミレやスズラン風味…。クラシックな香りなのに、
びっくりするような味わい。マカロンが軽やかに踊る、ティータイムのひととき。
あなたはどの風味がお好き？

DMC 25番刺しゅう糸	BLANC(白)	3733	3078	632	— 3837*	— 987*	*アウトラインステッチ×1本どり
792	950	772	727	318	— 632*	341**	**ハーフステッチ×1本どり
3839	819	164	726	3837	— 782*	3747**	
341	963	989	3821	553	— 3064*	318**	
3747	3716	987	3064	210	— 792*		

55

Thé au jardin

お庭でティータイム

緑に囲まれたあずまやの、木漏れ日の中でお茶の時間。
ひらひらと、バラの花にあそぶチョウチョたち…。
深呼吸して！バカンスはすぐそこ！！

DMC 25番刺しゅう糸	3731	564	434	351	— 436*	414**	*アウトラインステッチ×1本どり
BLANC(白)	746	503	436	352	— 434*	415**	**ハーフステッチ×1本どり
819	3078	501	437	414	— 3731*		
963	726	3347	3685	415	— 501*		
760	913	3348	347		— 414*		

57

Saveurs automnales

秋の味わい

日が短くなって涼しくなってくるころには、
お茶と焼き菓子のほっこりティータイムが元気をチャージしてくれます。

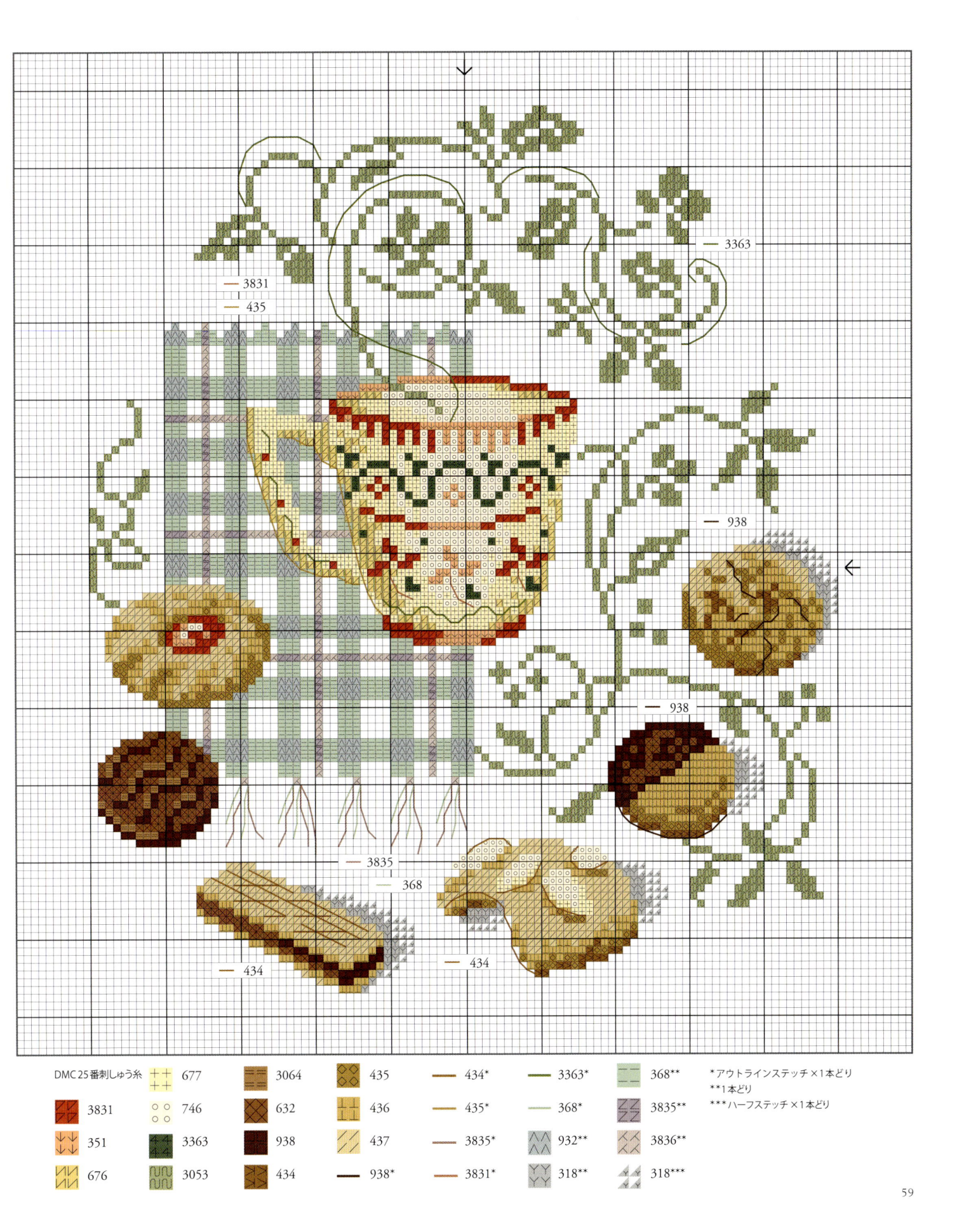

DMC 25番刺しゅう糸		677		3064		435	— 434*	— 3363*	368**	*アウトラインステッチ×1本どり
										**1本どり
	3831		746		632		436	— 435*	— 368*	3835**	***ハーフステッチ×1本どり
	351		3363		938		437	— 3835*	932**	3836**	
	676		3053		434	— 938*	— 3831*	318**	318***	

59

Goûter de Noël
クリスマスのお楽しみ

クリスマスカレンダーを作って、
ポケットにおやつを詰めておけば、毎日がサプライズ！

作品の作り方：P.134

60

— 895

— 435

• BLANC

BLANC

— 349

— 300

— 505

DMC 25番ししゅう糸										
	434	∴	BLANC(白)		304		505	— 895*	— 349*	702****
	3776		435		3782		349		702	— 505*	BLANC(白)*	702***
	400		437	○○	3821	◇◇	351		703	— 300*	• BLANC(白)**	
	300		739		815		895		318	— 435*	318***	*アウトラインステッチ×1本どり

**フレンチノットステッチ
***ハーフステッチ×1本どり
****1本どり

DMC 25番刺しゅう糸	437	815	895	— 505*	— 300*	*アウトラインステッチ×1本どり
300	739	304	505	— 702*	BLANC(白)*	**フレンチノットステッチ
434	BLANC(白)	349	702	— 815*	• BLANC(白), 815, 505, 349**	
435	3821	351	703	— 349*		

「10」以降は各数字を組みあわせます（間隔は2ステッチ分あけること）。このチャートのほかの個別モチーフは、クリスマスカードやランチョンマットの縁飾り、ナプキンなどに使いましょう。

64

Thé créatif
手作りのティータイム

このボックスに作りかけの作品を入れて、
午後のお茶にお呼ばれ。ニードルケースとピンクッションもお揃いで。
あとはお友達とおしゃべりしながら、ステッチするだけ。

作品の作り方：P. 140, 142 & 143

DMC 25番刺しゅう糸　3354　　3354**　*アウトラインステッチ×1本どり
　　　　　　　　　　　　　　　　　　　　　　**ハーフステッチ×1本どり
3803　　BLANC(白)　　3687***　　***フレンチノットステッチ
3687　　3803*

チャート下段の小さなモチーフは、ハサミケースなど、ほかのお裁縫グッズに刺してみましょう。イニシャルを入れる場合は、左ページのアルファベットを参照してください。

Teatime
ティータイム

「大変だ、遅刻しちゃう！」と白ウサギ。ティーポットの中には眠りネズミ。
あれ、アリスはどこ？ 金の糸を使って繊細なニュアンスを添えたこの作品に、
小さな女の子は（大きな女の子も！）大喜びのはず。

69

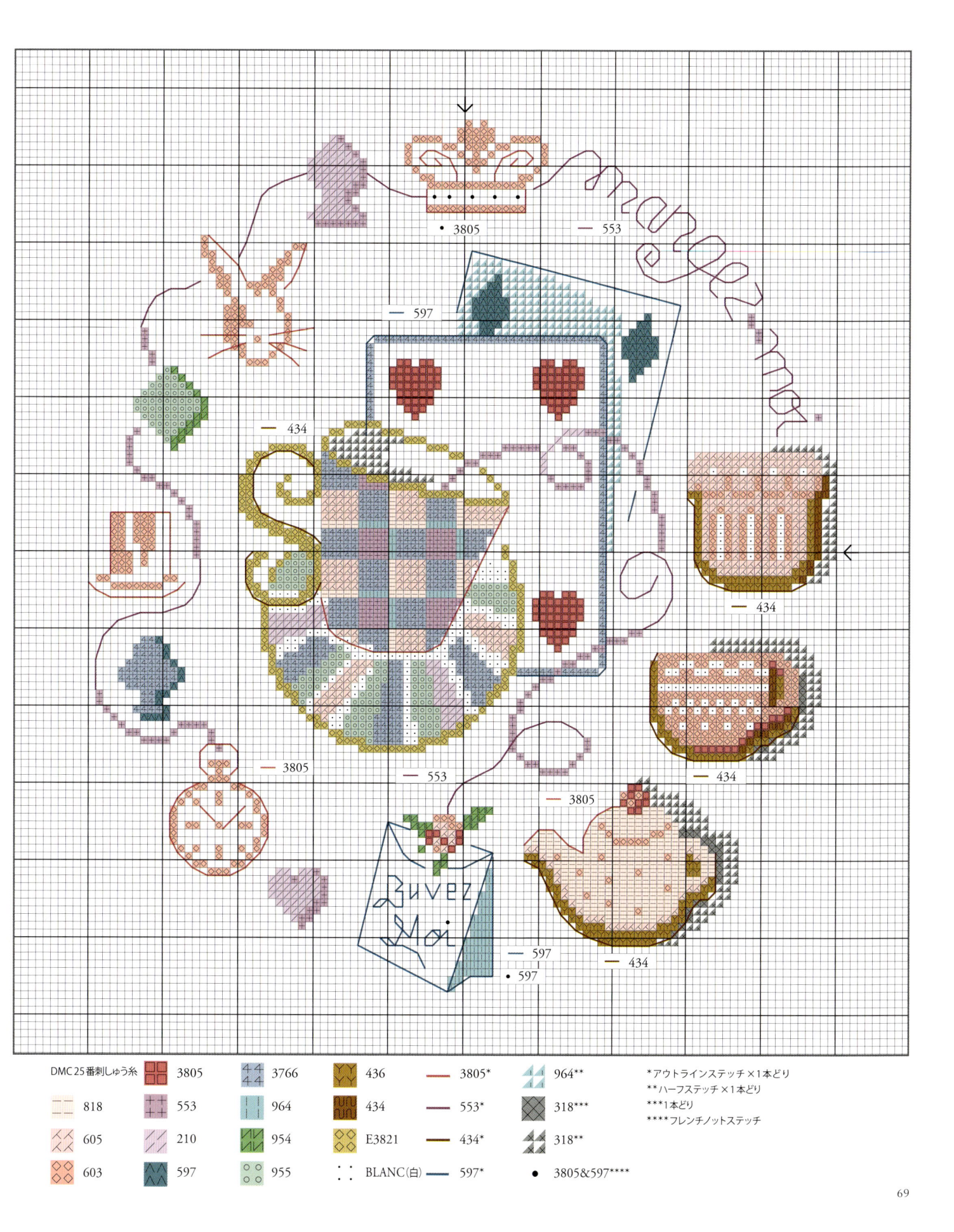

Cupcakes mania
カップケーキ・マニア！

100％女の子っぽいこのお菓子に夢中になったら、すぐにこのケーキスタンドごとステッチして！
好きなモチーフだけを選んで、小物や服をワンポイントステッチで飾っても。

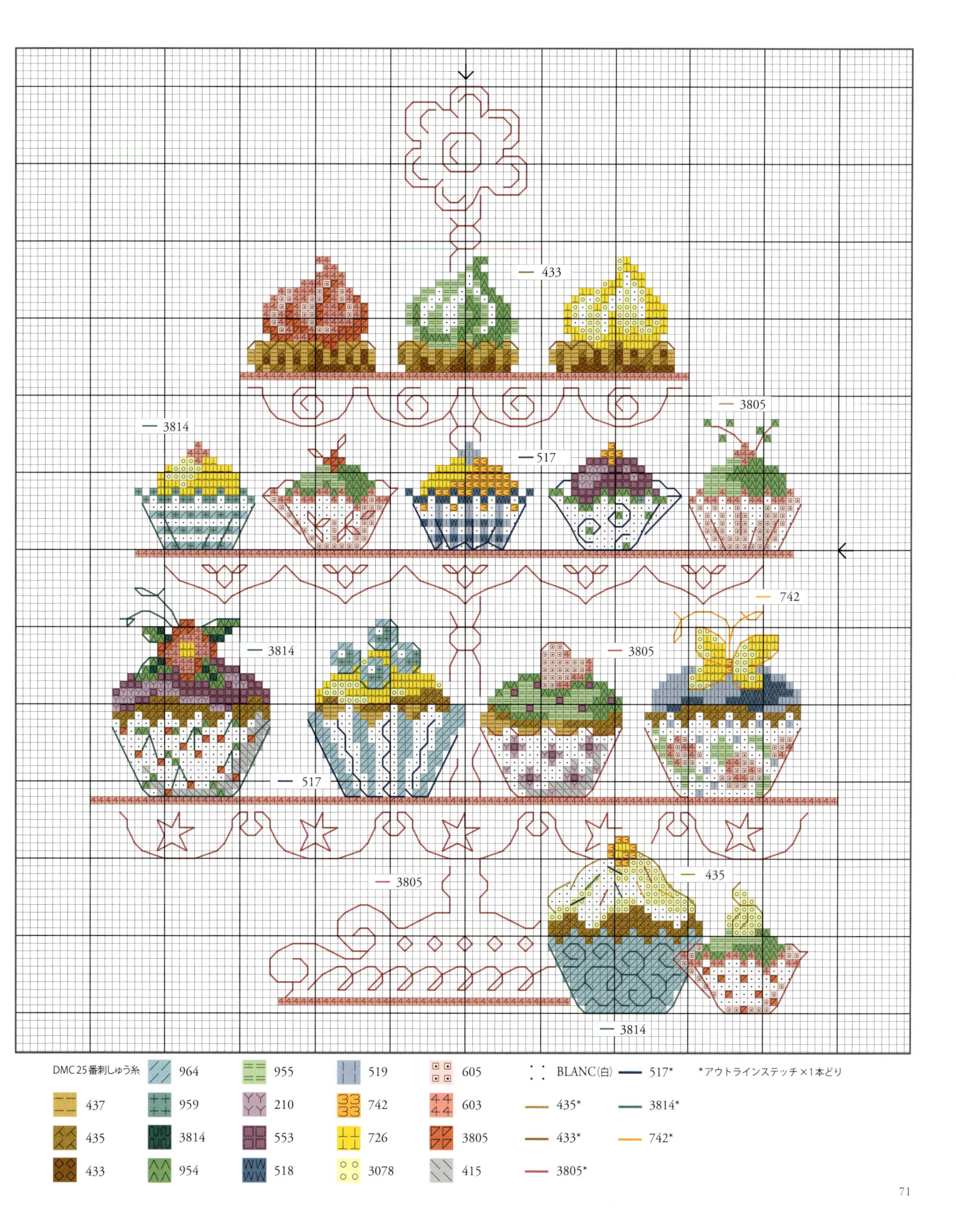

DMC 25番刺しゅう糸	964		955		519		605	: : BLANC(白)	— 517*	*アウトラインステッチ×1本どり
	437		959	Y Y	210	3 3 3	742	4 4	603	— 435*	— 3814*
	435	X X	3814		553	⊥⊥	726		3805	— 433*	— 742*
	433	∧∧	954	W W	518	○ ○	3078		415	— 3805*	

71

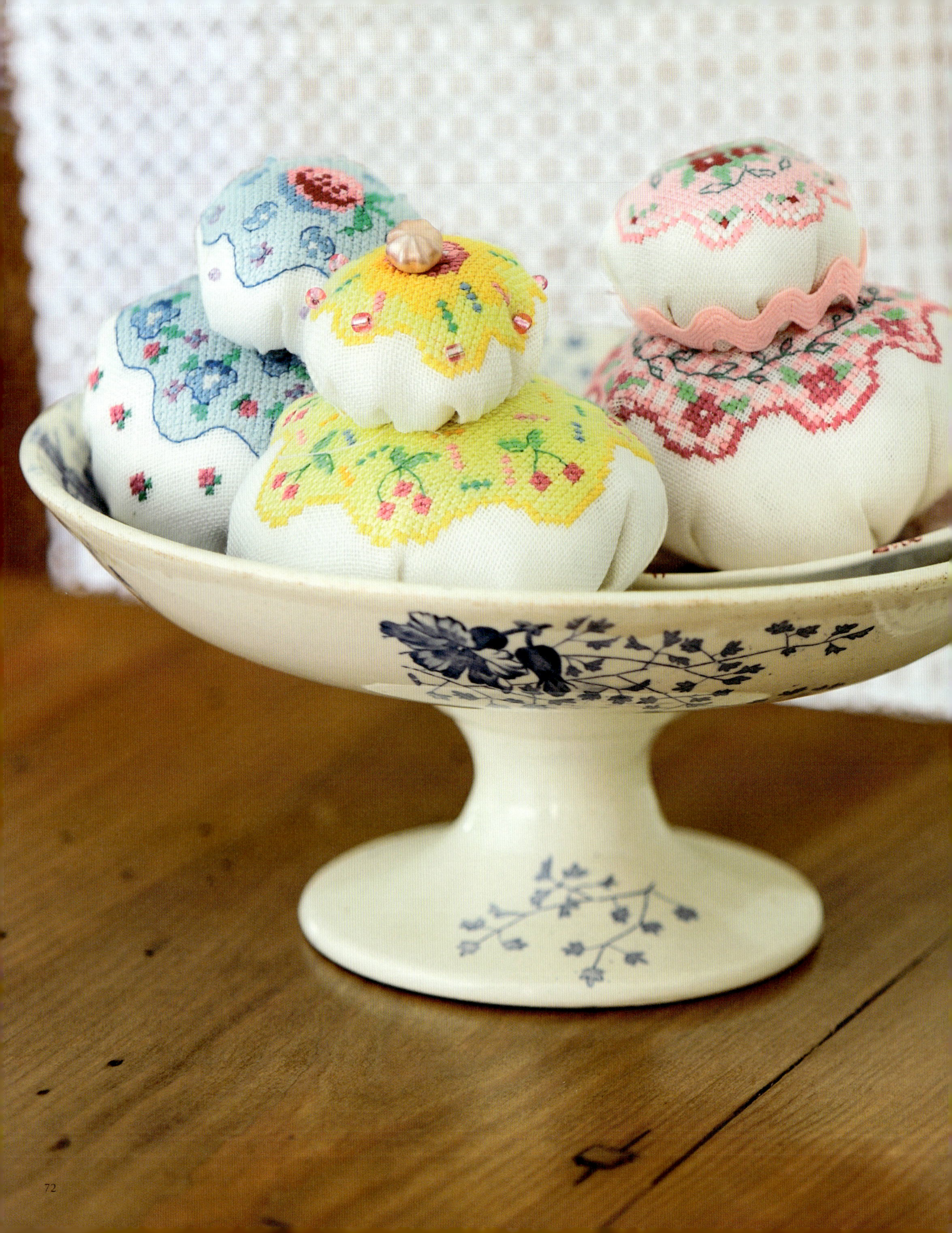

Religieuses à croquer
かわいらしいルリジューズ

シュークリームが2段になったようなお菓子、
ルリジューズ。ハギレ、刺しゅうの美しいデコレーション、
パールやカラフルなリボン。本物そっくりの、おいしそうな
この作品を作るのに必要なのは、それだけ！
ラベンダーを詰めたり、ピンクッションとして使っても。

作品の作り方：P.133

DMC 25番刺しゅう糸	955	162	605	BLANC(白)	— 742*	*アウトラインステッチ×1本どり
	3814	553	742	603	— 3805*	
	958	825	726	3805	— 825*	
	954	813	445	150	— 3814*	

— 3814
— 825

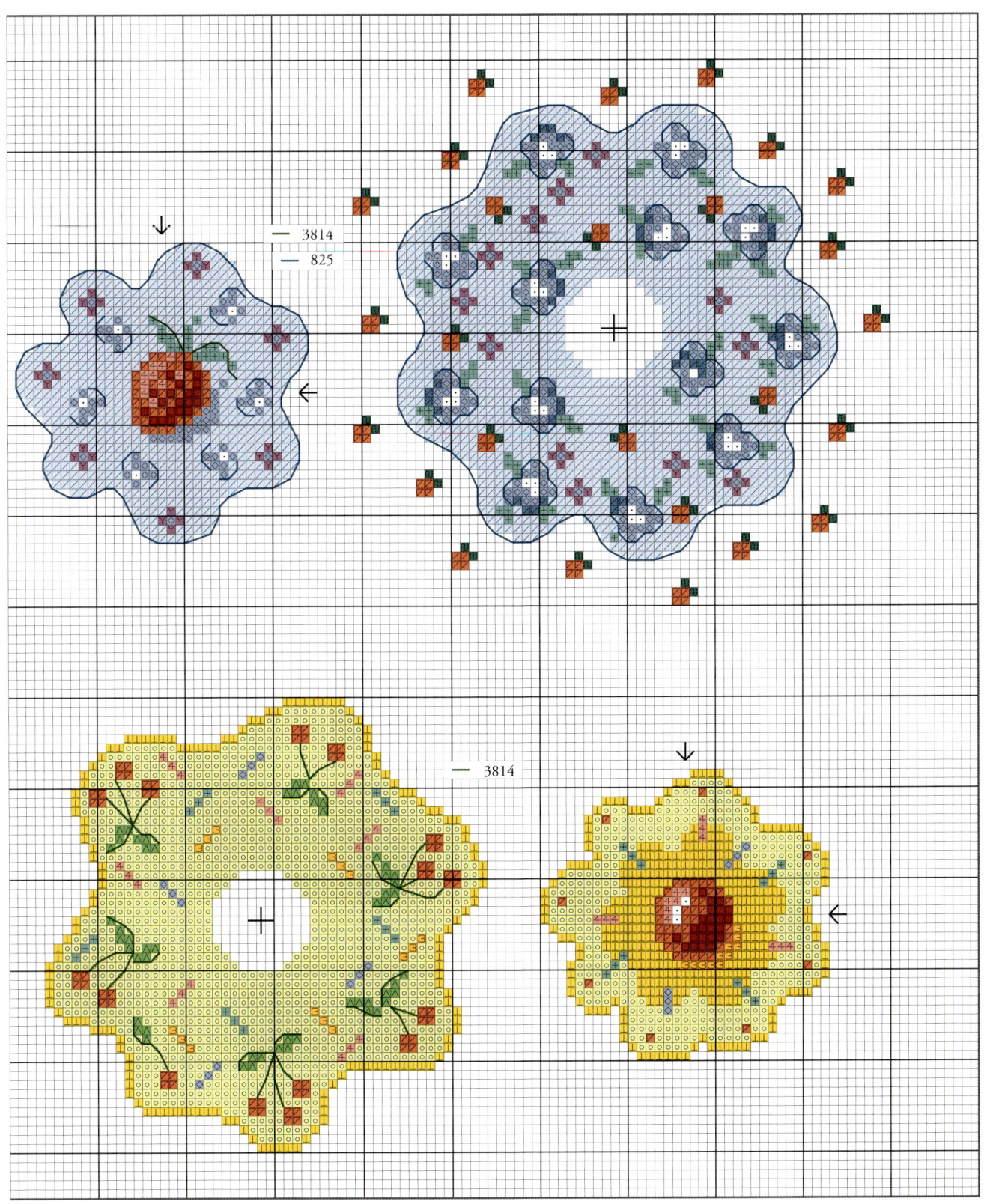

— 3814

小さなモチーフと大きなモチーフをそれぞれステッチしてから、ルリジューズを縫いあわせます。糸の色を変えたり、色つきの布を使ってアレンジしてみましょう。

Crème glacée アイスクリーム

コーンにする？それともカップ？子供たちの大好きなデザートをステッチして、
おいしい夢を見させてあげましょう。
抜きキャンバスを使って、Tシャツやジーンズ、ポシェットなどにステッチして、
オリジナルにアレンジしても。

DMC 25番ししゅう糸							
++ 959	■ 553	○○ 3078	— 433*	— 553*	*アウトラインステッチ×1本どり
435	∧∧ 954	∴ BLANC(白)	⊡ 605	— 3805*	— 742*	**フレンチノットステッチ
433	== 955	333 742	44 603	— 518*	• 3805&518**
964	YY 210	⊥⊥ 726	44 3805	— 3814*		

77

Harmonie rose

ローズ・ハーモニー

ミニチュアのティーセット＆パティスリーと、花＆繊細なリーフ模様。優雅な音楽を奏でます。

DMC25番ししゅう糸			
	3805		BLANC (白)
	814		814*
	150		3805*
	603		
	605		

*アウトラインステッチ×1本どり

チャートのモチーフ全体をまるごとステッチしたり、個別のモチーフを好きなアイテムにワンポイントステッチしてアレンジしましょう。ブルーのバージョンで作りたい場合は、P.81の糸のカラーを参照してください。

Bleu-thé

ブルー・ティー

ブルーがお好き？ だったら、このモチーフをふきんや
テーブルリネン、カフェカーテンなどにステッチしてみて！

DMC 25番しゅう糸	518	∴ BLANC(白)	"絶対にガーリー主義！"のあなたは、P.79の糸のカラーを参照してアレンジしてください。
311	519	— 311*	
3765	162	— 518*	

*アウトラインステッチ×1本どり

Bonbons anglais

ボンボン・アングレ

真っ黒なリコリス風味×ポップなカラーがキュートなボンボン・アングレは、おなじみのキャンディー。
ワンポイントモチーフとしてつまみ食いするか、モチーフをまるごとほおばるか…お好みで！

DMC 25番刺しゅう糸	917	920	○○ 445	— 917*	— 920*	*アウトラインステッチ×1本どり
605	703	3853	∴ BLANC(白)	— 3805*	— 310*	**1本どり
603	911	742	413	911*	807**	
3805	959	726	310	742*		

Goûters d'enfance

子供のころのおやつ

Quatre-heures

おやつの時間

ホットチョコレート、板チョコ、クッキー、パン・オ・レ、
ブルーベリーのコンフィチュール…。おやつの準備ができました。

DMC 25番刺しゅう糸	++ 436	■ 938	■ 154	⊠ 168	— 322*	322***	*アウトラインステッチ×1本どり	
44 322	○○ 435	3836	←← 602	∴ BLANC(白)	— 433*		**ハーフステッチ×1本どり	
|| 712	434	3835	∪∪ 309	— 436*	3755**	***1本どり	
○○ 738	433	3834	777	— 317*	3755***		

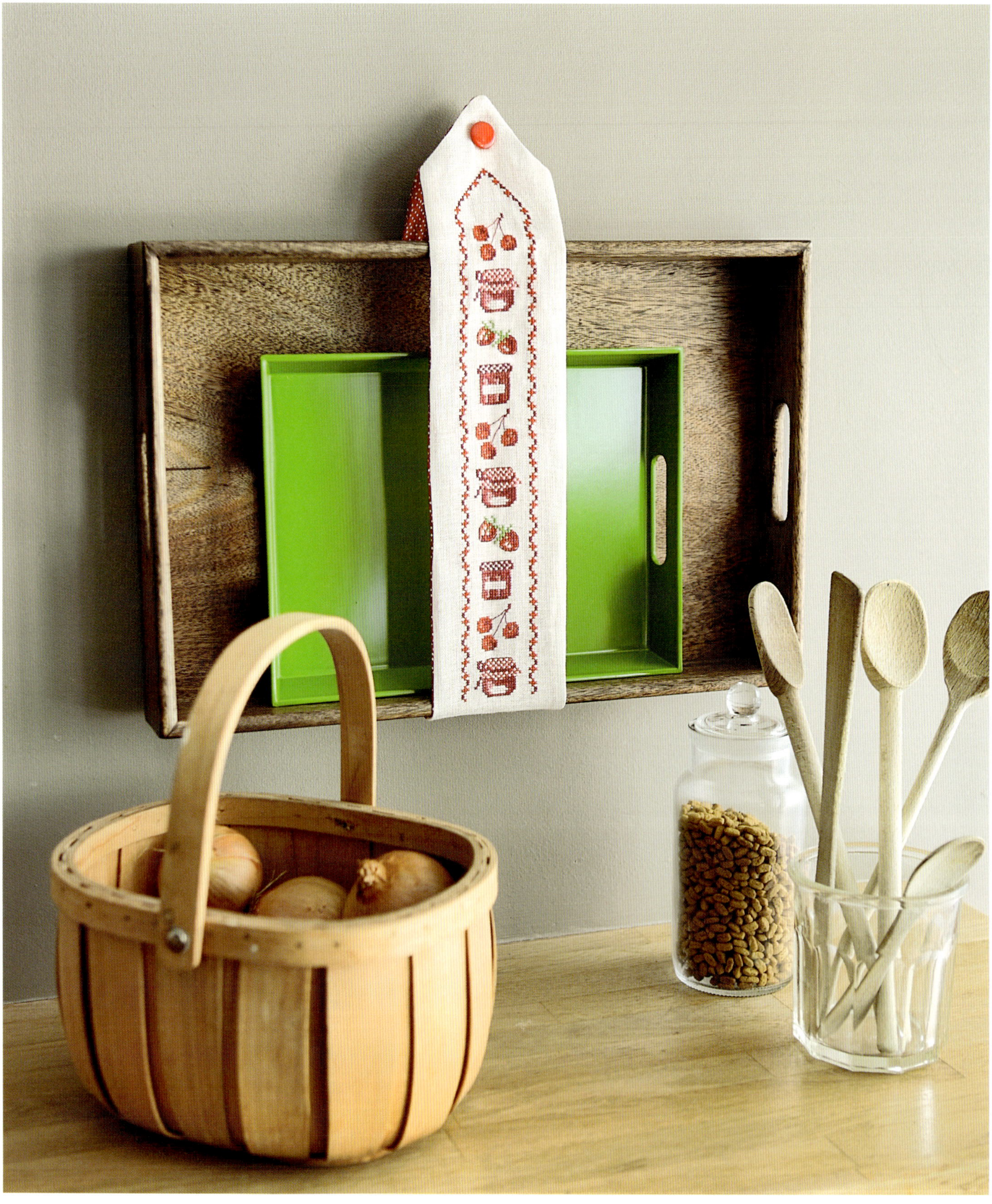

Fruits rouges
ベリー、ベリー！

ストロベリー、チェリー、カシス、赤スグリ…。おひさまに照らされて、赤い果実たちがつむぐ詩。ことこと煮詰めて瓶の中に閉じ込めても、ちくちく刺して作品に仕上げても、長くおいしく味わえます。

作品の作り方：P.131 & 132

ABCD
EFG
HIJK

ELISA

DMC 25番刺しゅう糸	777		605		550		333		703	― 349*	*アウトラインステッチ×1本どり
	3833		349		604		552		155		BLANC(白)	― 333*	
	3831		351		602		554		211	― 777*	― 550*	

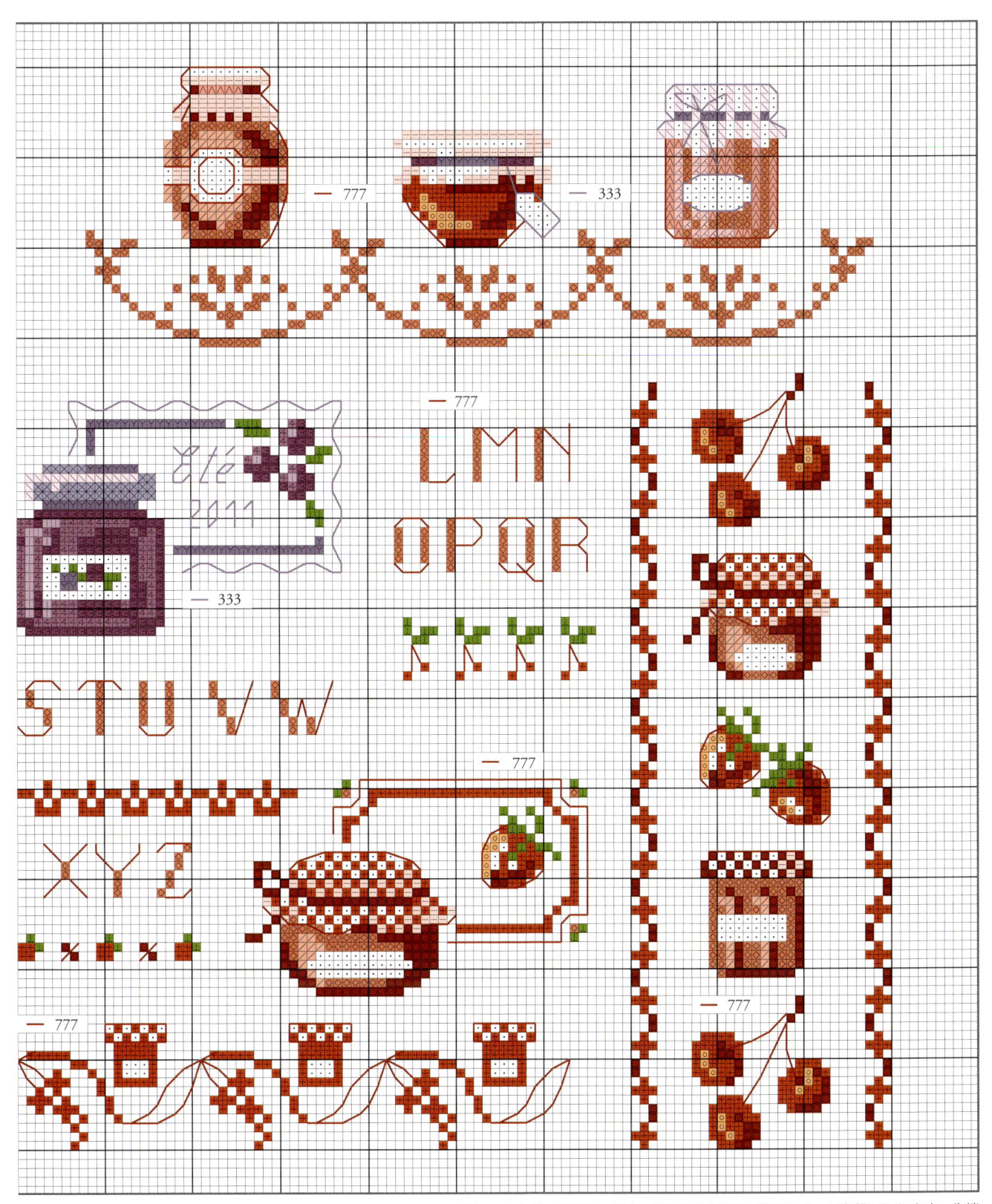

トレーホルダーのステッチは、好みの長さまで一連のモチーフを繰り返します。先端部分のフレームを施す場合は、図案（山形か丸みをもたせた山形）を紙に起こしてからステッチしましょう。好きなアイテムに、個別のモチーフをワンポイントステッチしてもいいでしょう。

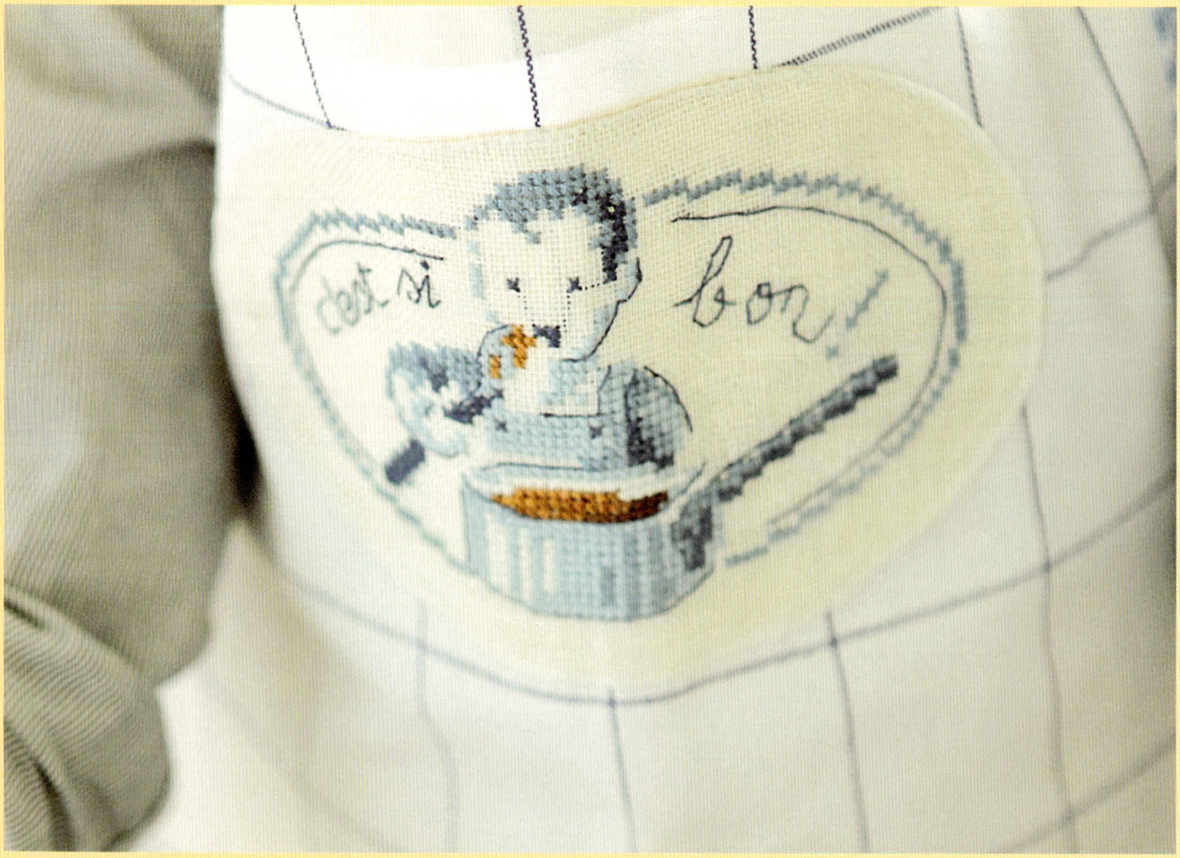
c'est si bon !

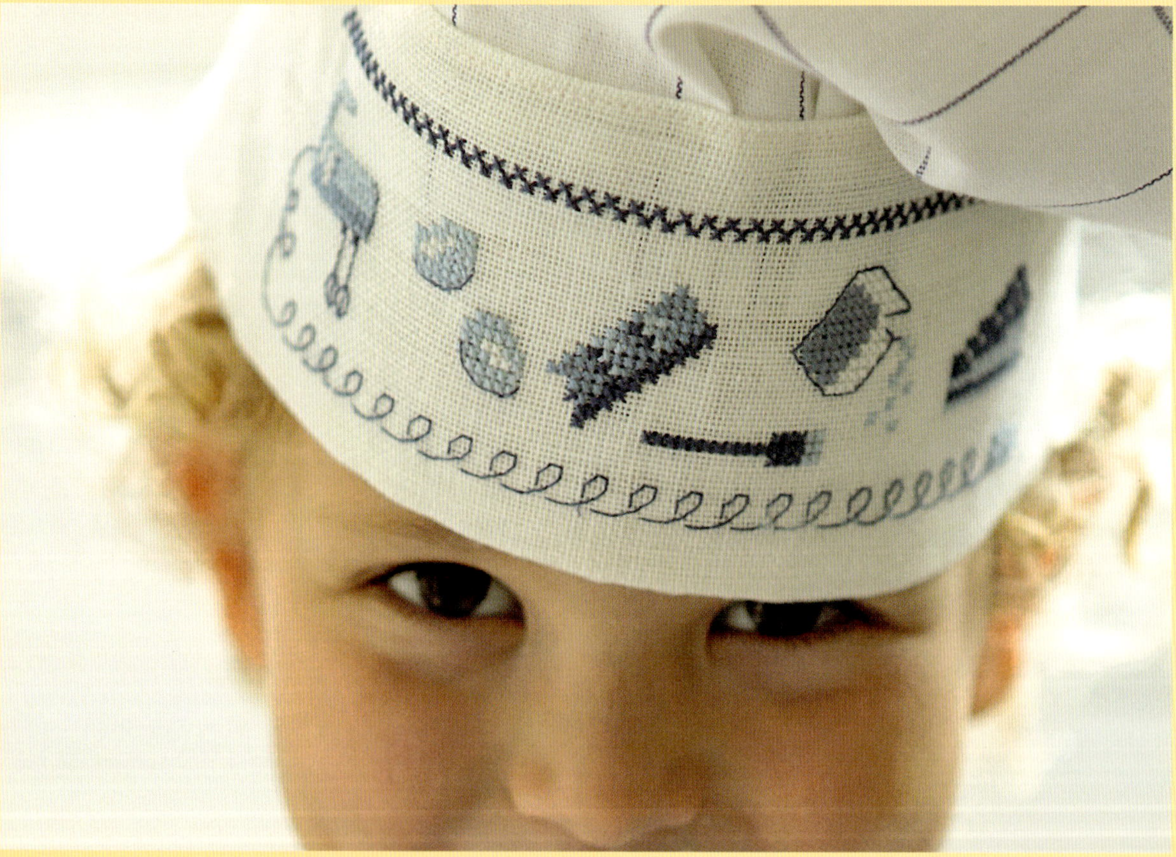

100% chocolat
100% ショコラ

コック帽とエプロンを身にまとった小さなシェフ。いざ、チョコレートのお菓子作りに挑戦！

作品の作り方：P.130 & 131

TOUT CHOCOLAT

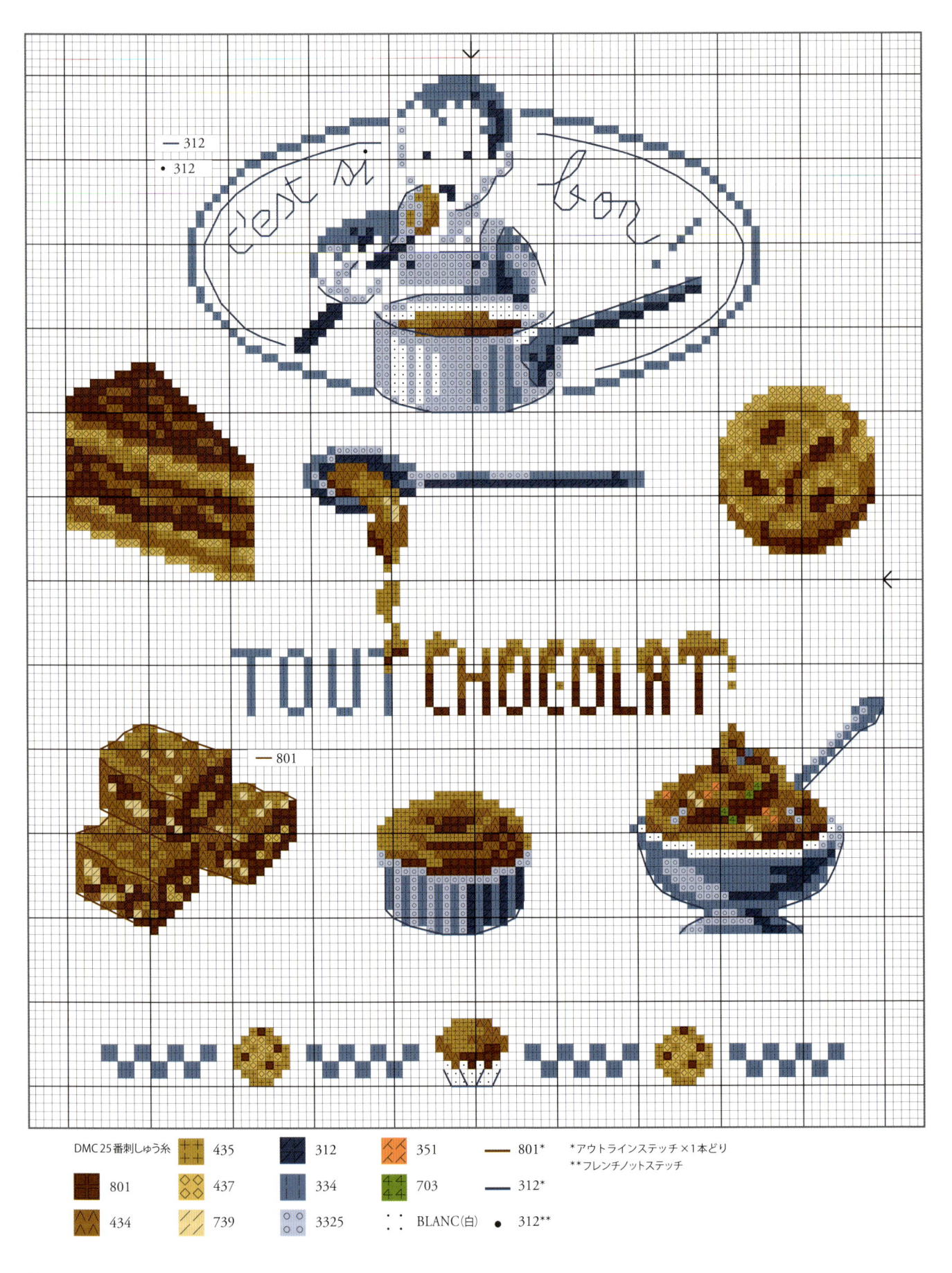

DMC 25番刺しゅう糸				
435	312	351	— 801*	*アウトラインステッチ×1本どり
801	437	334	703	**フレンチノットステッチ
434	739	3325	BLANC(白)	— 312*
			312**	

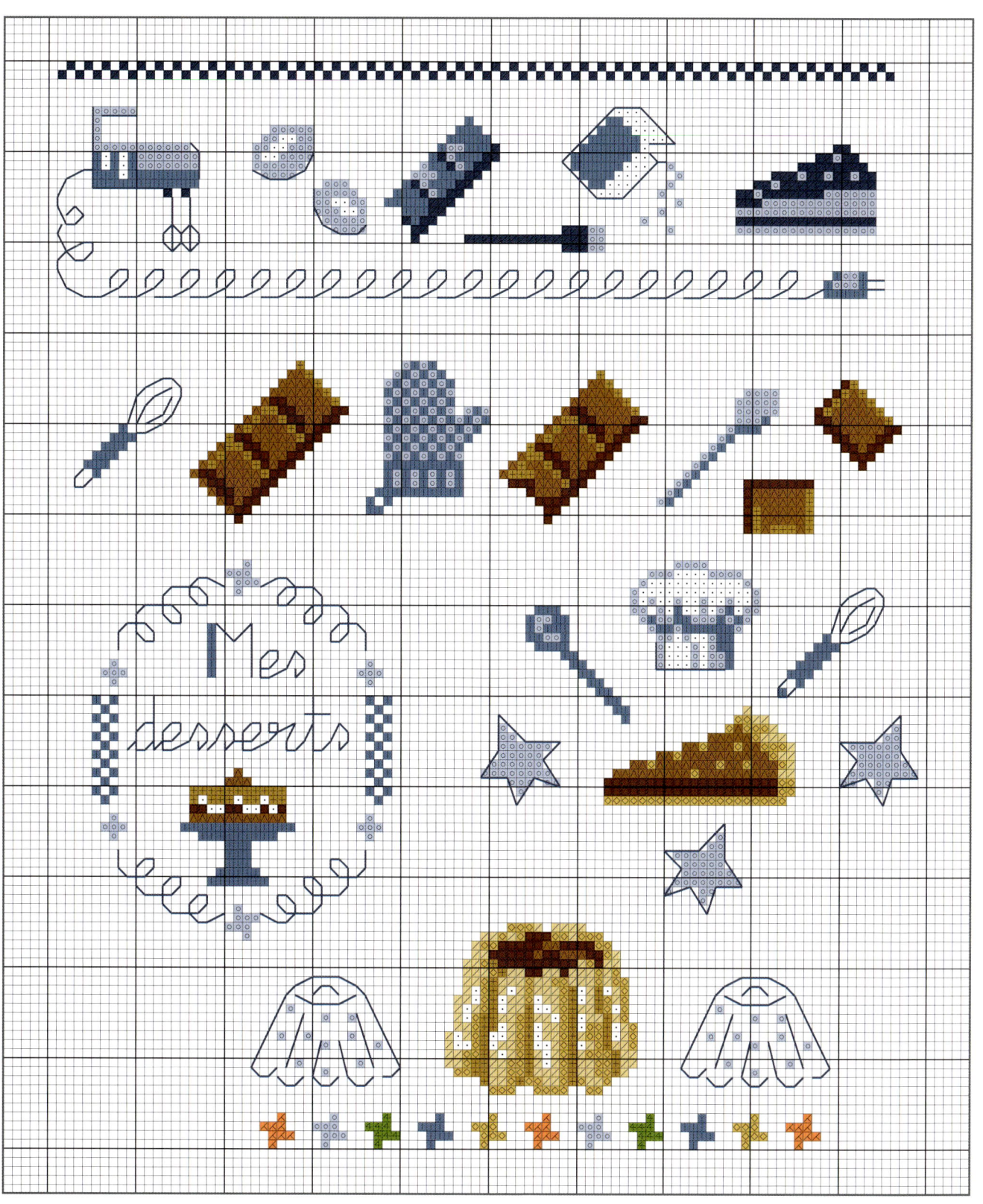

左ページのチャートのモチーフ全体をまるごとステッチして、タペストリーに仕上げるのもおすすめです。

Les bons gâteaux du dimanche

日曜日の幸せなお菓子

きれいなラッピングのリボンをほどいて、箱をオープン！
心を込めて選んでくれたお菓子に出会う瞬間は、いつでもドキドキ嬉しいものです。

les pâtisseries
du dimanche

BONNES FETES BONNES BONNE FETE

	DMC 25番刺しゅう糸	■ 801		950	⊠ 349		3078	— 976*	• 349**		3863****
				437		976		3770	○○ 3705		702	— 702*		3078***		3863***
				435		3863	⋯ BLANC(白)	VV 728	— 498*	— 801*		728***	*アウトラインステッチ×1本どり
				434		3864			44 744	— 349*	— 434*		702***	**フレンチノットステッチ ***ハーフステッチ×1本どり ****1本どり

Fraises ou pommes?
ストロベリー、それともアップル？

小麦粉200g、バター100g、砂糖80g、そして季節のフルーツ…。
生地を手でこねて、おいしいタルトを作りましょう。

mes tartes

— 347

— 832
— 839
— 839
— 729
• 839

pâte sablée
— 347 • 347

feuilletée

— 729

brisée

— 839 ×2本どり

DMC 25番刺しゅう糸									
	3832		316		3819		729		950	— 832*
	839		350		3726		922		745		347	— 729*
	3863		816		3346		3854		746		347**	— 347*
	3864		3834		581		832		758	— 839*	• 347 & 839***

*アウトラインステッチ×1本どり
**ハーフステッチ×1本どり
***フレンチノットステッチ

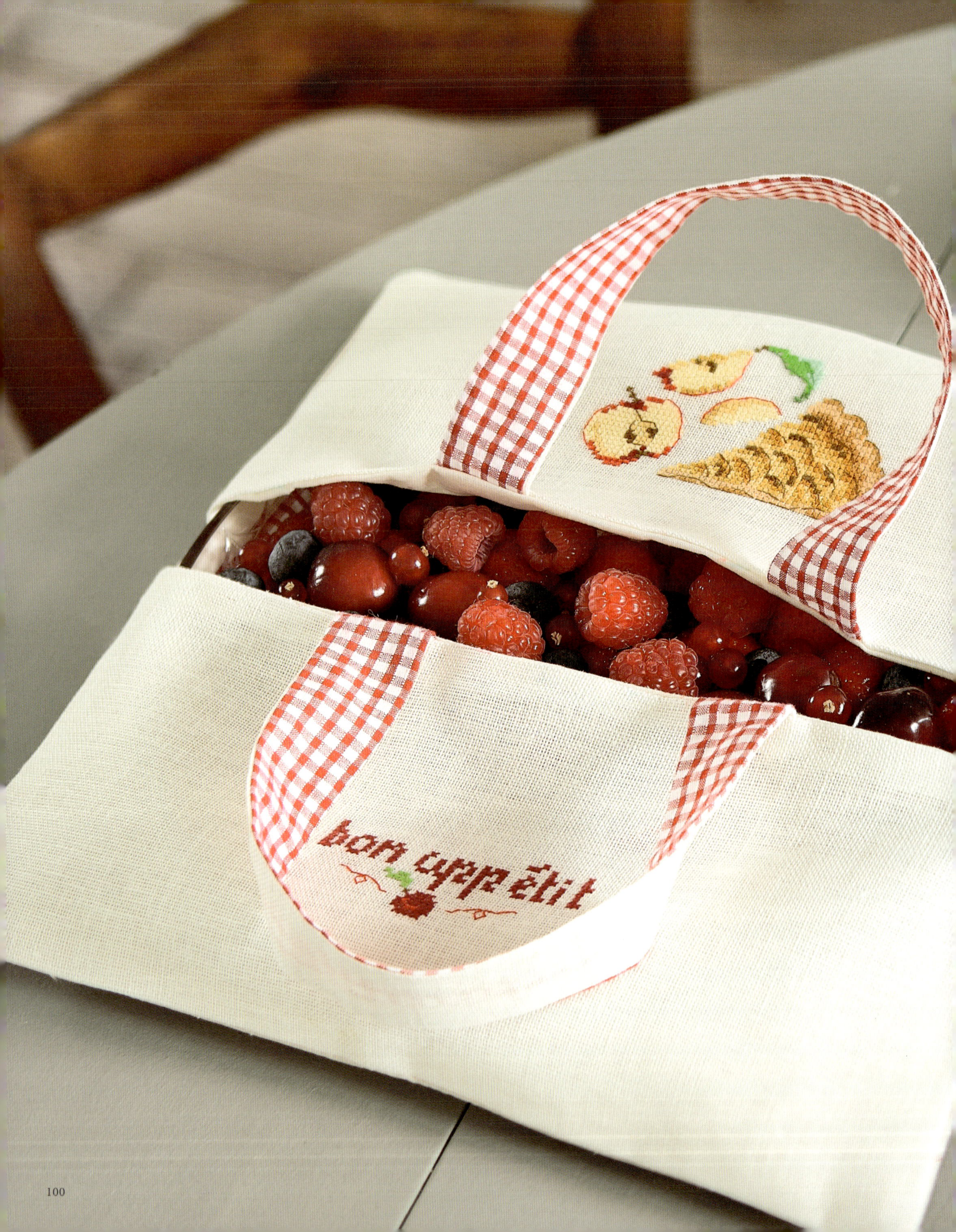
bon appétit

Tarte maison

ホームメイドのタルト

このチャーミングなバッグなら、タルトを完璧な状態で持ち運べて、お友達もびっくりするはず。

作品の作り方：P. 133

DMC 25番刺しゅう糸	869	745	722	987	3705	208
437	782	744	3856	814	603	550
435	729	728	955	816	3805	BLANC(白)
434	676	721	703	349	209	

c'est un régal

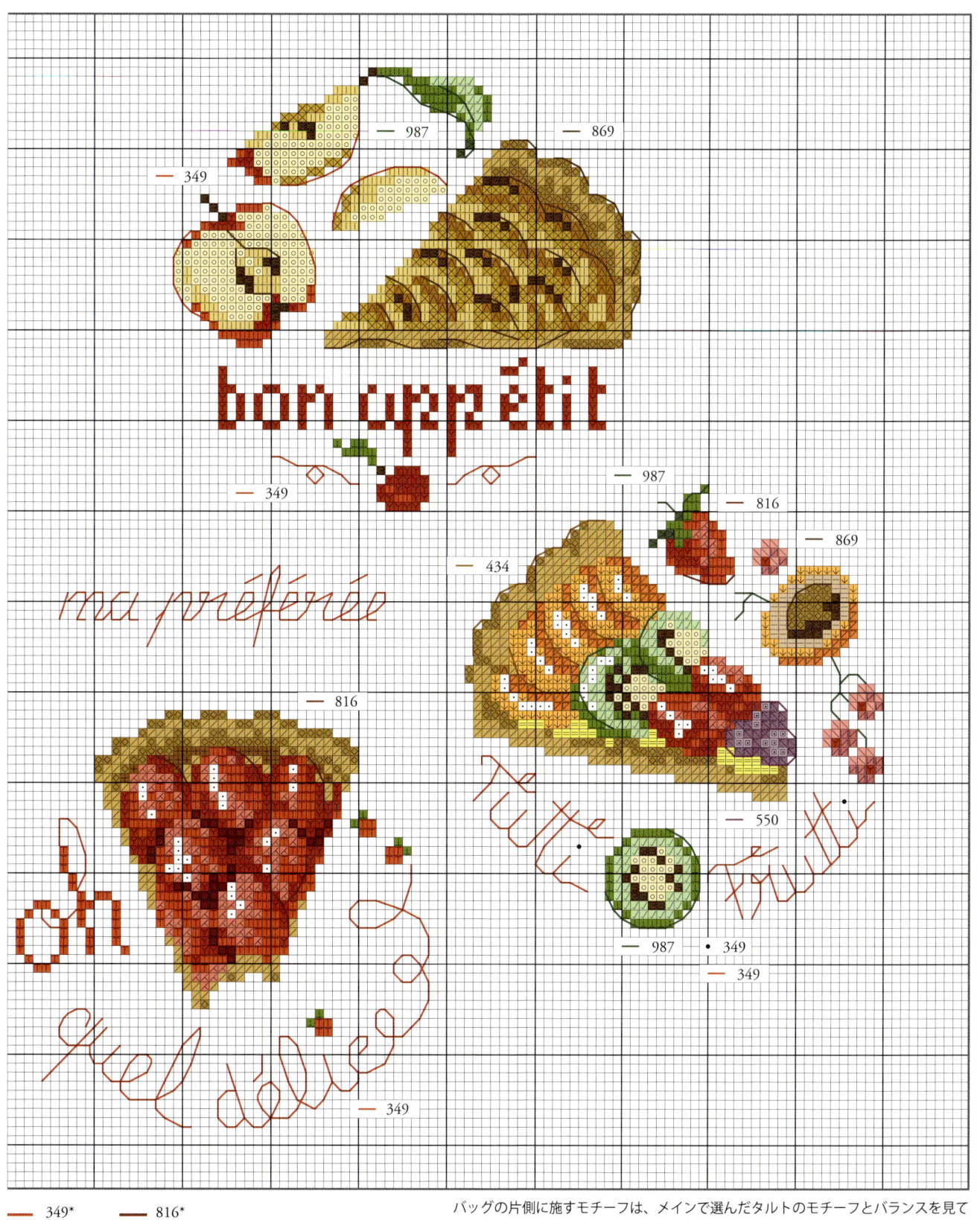

— 987
— 869
— 349
bon appétit
— 349
— 987
— 816
— 869
ma préférée
— 434
— 816
— 550
tutti frutti
— 987 • 349
oh
— 349
quel délice

— 349* — 816*
— 869* — 987*
— 434* • 349**
— 550*

*アウトラインステッチ×1本どり
**フレンチノットステッチ

バッグの片側に施すモチーフは、メインで選んだタルトのモチーフとバランスを見て選んでください。「bon appétit」とその下の飾り罫は、色とフルーツを変えて刺してもいいでしょう。

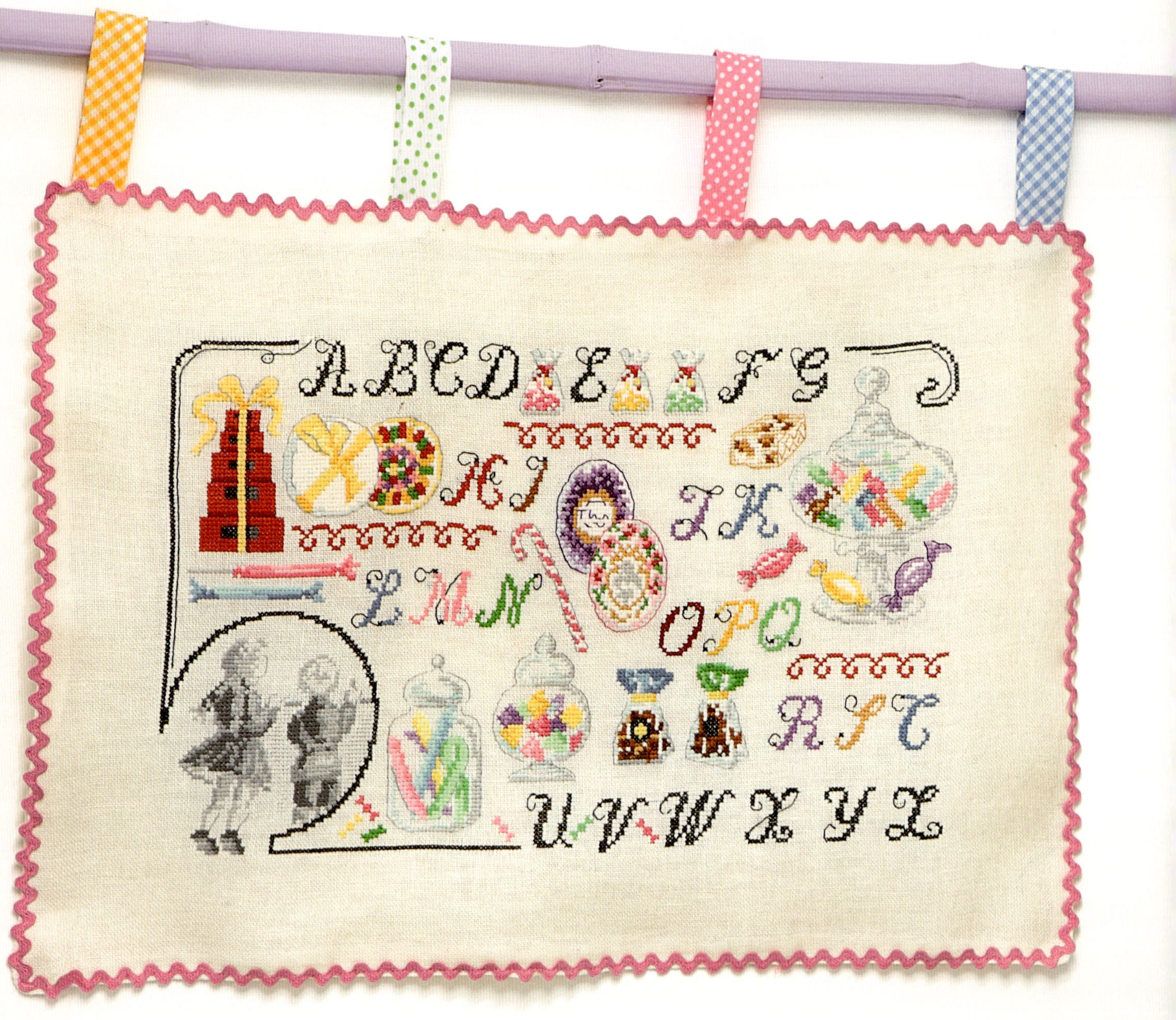
ABCDEFG
HI
JK
LMN
OPQ
RST
UVWXYZ

Confiseries d'antan
懐かしのコンフィズリー

ギモーヴやヌガー、キャンディーの入った瓶を見たら、思わず食べたくなるでしょ？このかわいいタペストリーは、甘いもの好きの女の子に。

作品の作り方：P.141

DMC 25番刺しゅう糸	434		3078		209		603		3799		775
BLANC(白)	801		701		208		3805		317		3761
	739		728		913		550		347		318		3755
	436		744		955		605		777		415		322

- ▲ 415**
- — 3799*
- — 318*
- — 3805*
- — 550*
- — 436*

*アウトラインステッチ×1本どり
**ハーフステッチ×1本どり

チャートをコピーすれば、見やすくなって作業もはかどります（各ページをコピーし、マス目の太いラインが一致するように2枚を貼りあわせる）。矢印はチャート全体の中心を示しています。

Plaisirs enfantins

童心にかえる喜び

箱に入っていたり、パッケージにきれいに並べられていたり…。
カラフルなセロファンに包まれたシュセットは、子供たち（もちろん大人も！）をウキウキさせてくれるもの！

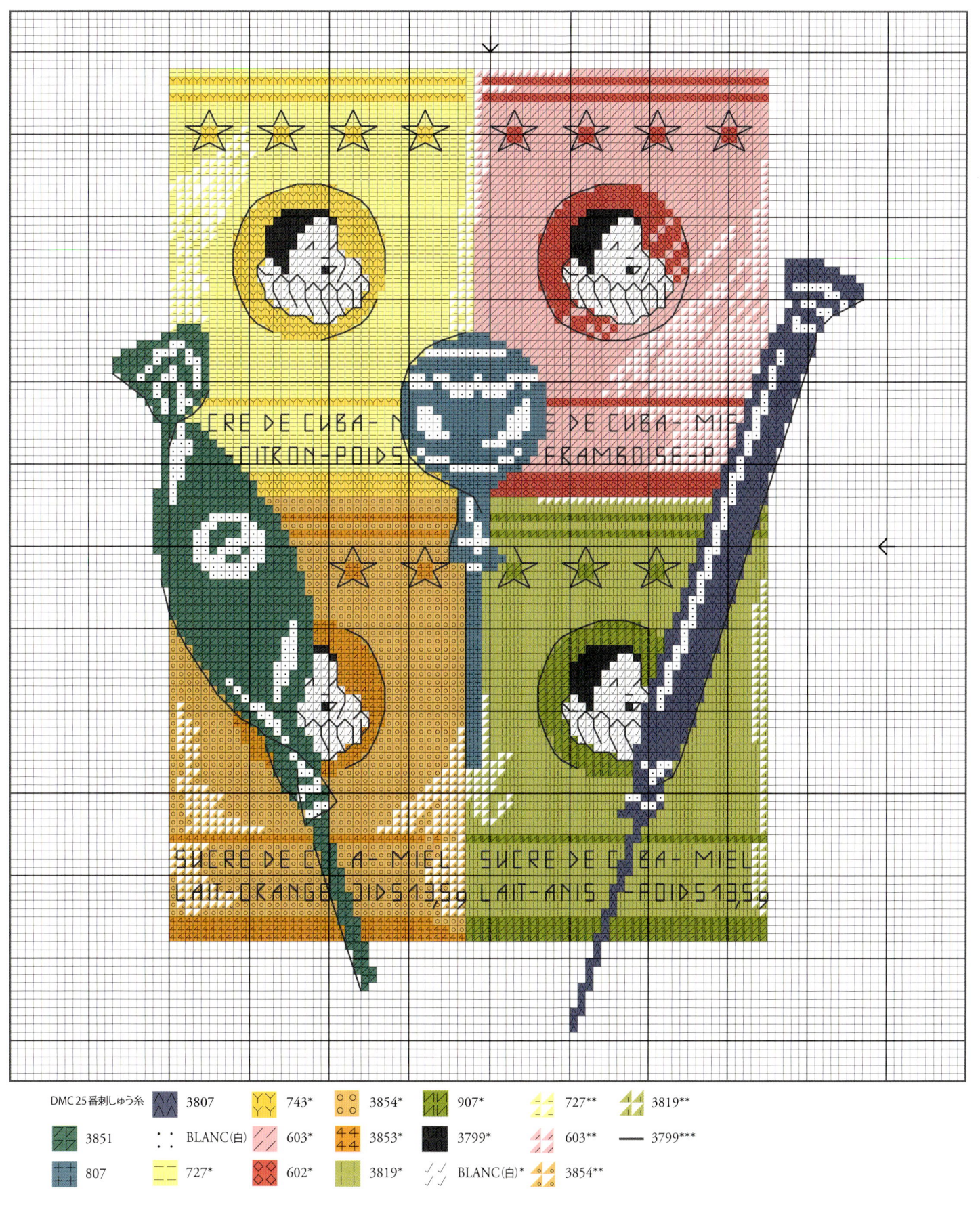

	DMC 25番刺しゅう糸		3807	YY 743*	∘∘ 3854*	907*	∕∕ 727**	∕∕ 3819**
	3851	∶∶	BLANC(白)	603*	44 3853*	3799*	603**	— 3799***
	807	⁼⁼	727*	◊◊ 602*	3819*	∕∕ BLANC(白)*	3854**	

*1本どり　**ハーフステッチ×1本どり　***アウトラインステッチ×1本どり

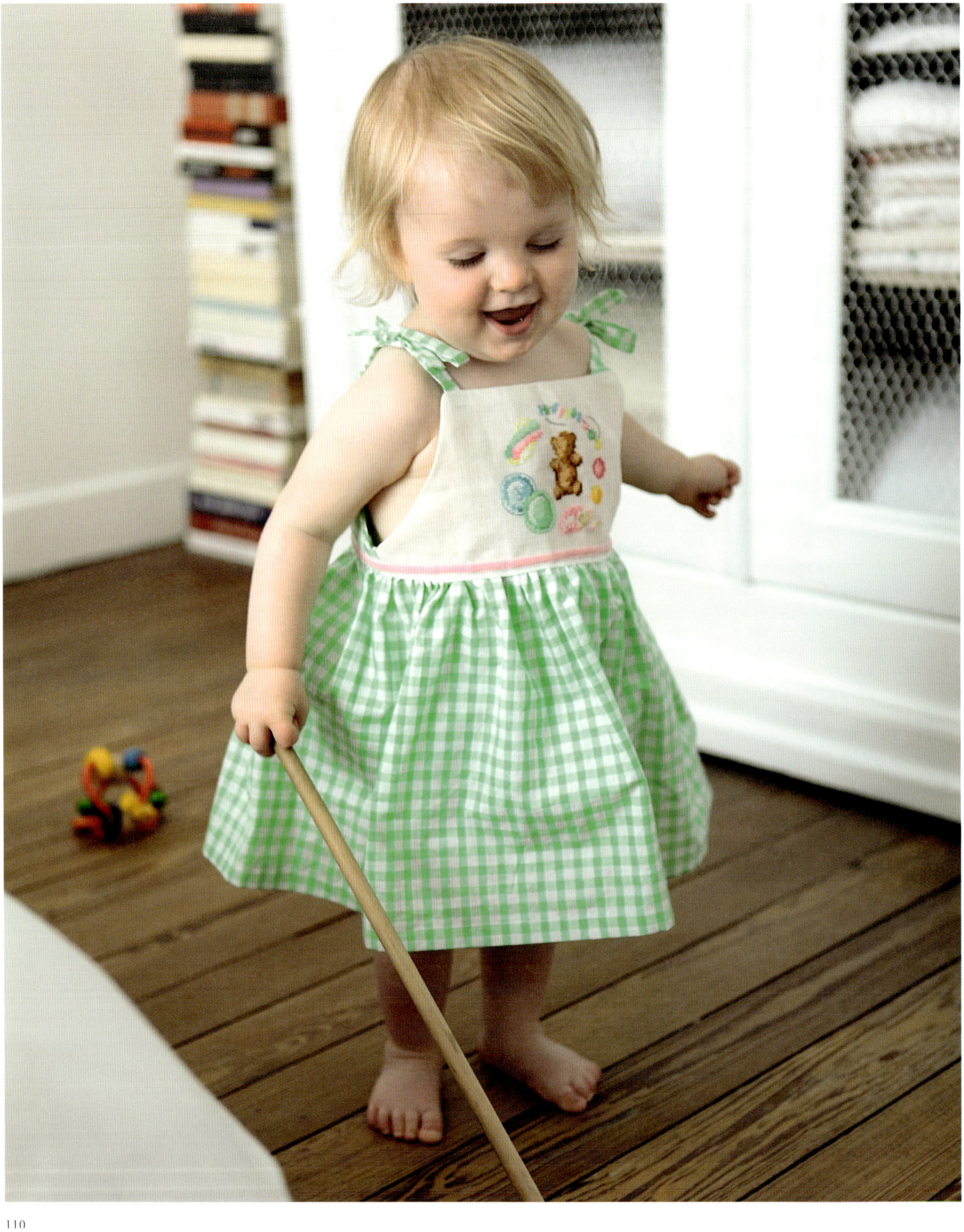

Nounours et roudoudous

くまさんと思い出キャラメル

子供たちの大好きなキャンディーを刺しゅうしてあげれば、みんな大喜び。

作品の作り方：P.129 & 145

DMC25番刺しゅう糸								
VV	741	XX	602	816	UN	3765	↓↓ 677	702	// 955
--	445	ZZ	721	◇◇ 352	//	747	YY 433	∘∘ 746	NN 700	■ 310
XX	726	||	605	++ 351	==	3766	YY 435	∴ BLANC(白)	NN 912	VV 317
44	972	//	603	XX 349	||	3810	XX 437	♥♥ 704	ZZ 954	⊖⊖ 318

112

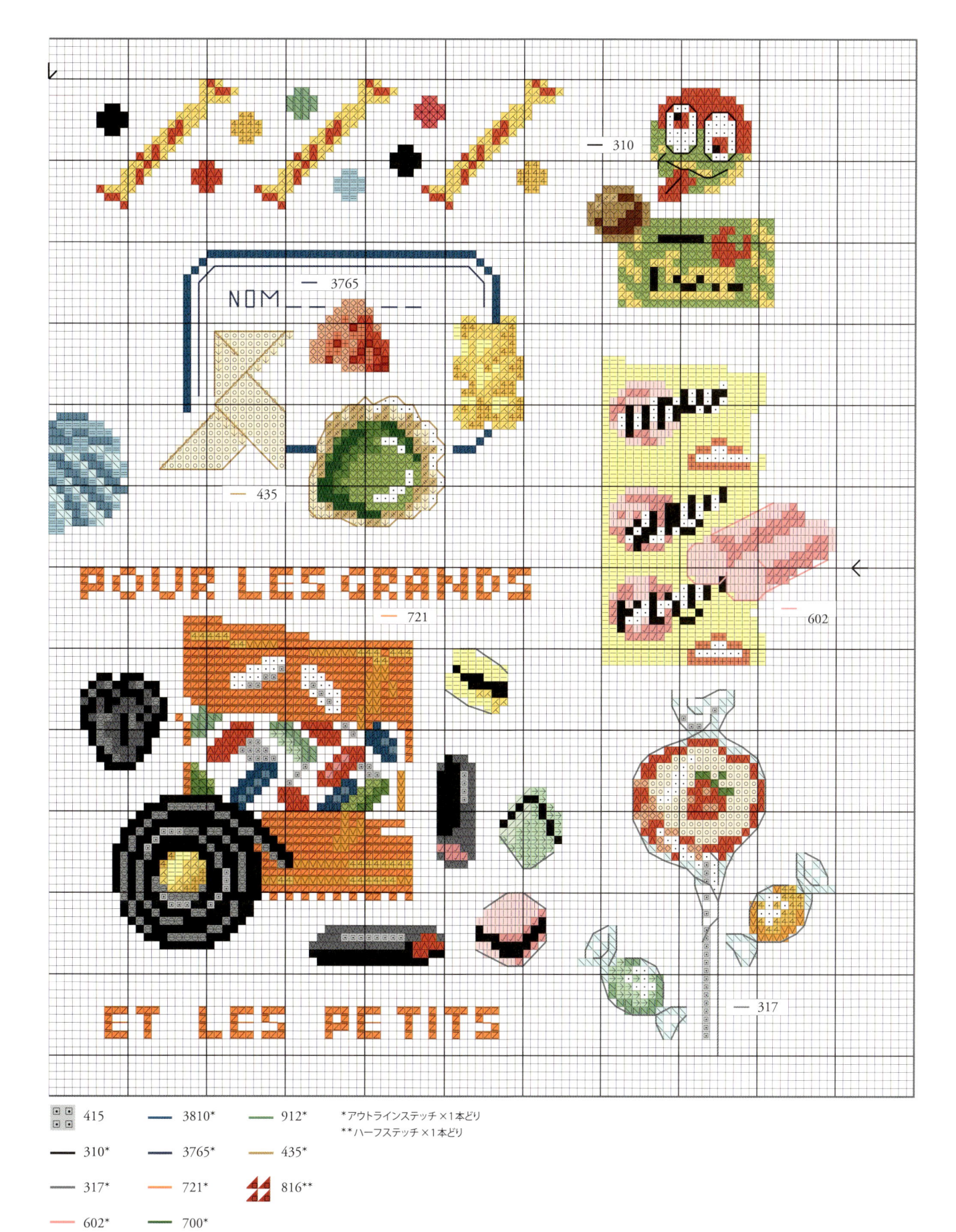

- 310
- 3765
- 435
- POUR LES GRANDS
- 721
- 602
- ET LES PETITS
- 317

415	— 3810*	— 912	*アウトラインステッチ×1本どり
— 310*	— 3765	— 435*	**ハーフステッチ×1本どり
— 317*	— 721*	816**	
— 602*	— 700*		

Bonbecs!
おしゃべりなキャンディー！
このにぎやかなポーチを作ってみましょう。
散らかりがちな小物の整理もささっと済みます！

作品の作り方：P.143

DMC 25番刺しゅう糸	741	352	747	437	704	954	317*	435*
	445	605	351	3766	677	702	310	3810*	349*
	726	603	349	3810	746	700	317	3765*	816*
	972	602	816	3765	BLANC(白)	912	318	700*	741*

*アウトラインステッチ×1本どり

Petits papiers

小さな包み紙

映画館ではカサカサと音がして、イライラさせられることも…。
でも間違いなく、幼いころの思い出をよみがえらせてくれます。

DMC 25番刺しゅう糸									
	911	435	3822	3806	209		517	938*	*アウトラインステッチ×1本どり
720	913	433	3820	3805	415	519	433*	**ハーフステッチ×1本どり
741	955	938	704	718	317	747	517*	
743	349	3078	904	552	BLANC(白)	317	317**	

Happy birthday!
ハッピー・バースデー！

お誕生日のケーキは、待ち遠しくてたまらないもの。
ケーキとお部屋の飾りつけには、イマジネーションが欠かせません。

DMC 25番刺しゅう糸	435	3805	813	955	BLANC(白)	— 825*	• 825, 3805, 898**
3859	436	3806	162	741	317	— 3805*	*アウトラインステッチ ×1本どり
632	437	605	911	742	— 741*	— 911*	**フレンチノットステッチ
898	739	825	913	726	— 898*	— 317*	

Friandises et flonflons
お祭りの駄菓子

わたあめ、アイスクリーム、棒つきキャンディー、りんご飴、ポップコーン…。お祭りの露天は、まさにパラダイス！
そんなワクワク感を、"大きな女の子"用のバッグにステッチして。お友達の家に泊まりに行くときにぴったり。

作品の作り方：P.141

121

DMC 25番刺しゅう糸	435	326	818	913	726
3859	436	3804	813	955	445
632	437	3806	162	741	BLANC(白)
898	739	605	911	742	415

— 741*	— 911*
— 435*	— 317*
— 3804*	

*アウトラインステッチ×1本どり

チャートをコピーすれば、見やすくなって作業もはかどります（各ページをコピーし、マス目の太いラインが一致するように2枚を貼りあわせる）。矢印はチャート全体の中心を示しています。

Techniques et conseils
テクニックとコツ

生地の選び方
手芸店で色々なタイプの布が手に入ります。色のバリエーションも豊富。

アイーダ
クロスステッチに最適の布。縦横の織り糸が正方形に分割されているブロック織りで、布目が規則正しくきれいに揃っています。目数が数えやすいので、スピーディー＆正確にステッチが仕上がります。大作や複雑な作品も楽々。初心者はまず、このタイプの布をチョイスしましょう。カラーバリエーションも豊富で、綿素材が主流です。

エタミン＆リネン
一般的にはクロスステッチ上級者向けの布です。実際、この手の布にステッチを刺すはより経験を要します。布目がとても細かいので、根気強さと、視力の良さが必要になります。エタミンは、平織生地（Evenweave）で、綿素材。布の目数は1cmに10目で、2目刺しの場合は5目、25カウントが一般的です。布目は細かいものの、縦横の織り糸が規則正しく揃っていて正方に近いので刺しやすく、目数も数えやすいでしょう。刺繍用リネン（麻布）のほうが、布目は不規則です。2目ごとにステッチする2目刺しが一般的ですが、1目ごとに刺す場合もあります。その場合、より緻密な作業になるので、ルーペは欠かせません。

抜きキャンバス
布目が数えられない布に規則的にクロスステッチができるメッシュ状の布です。布目が詰まっていて、目を拾いにくい布を使う場合には欠かせません。キッチンクロスやTシャツなどに、小さなモチーフをステッチする場合にもとても便利です。さらに、抜きキャンバスには、格子状に色のついた線が入っているので、図案のポジショニングも簡単。ステッチを刺したい布の上に、抜きキャンバスをしつけ糸などで縫いつけ、エタミンに刺すように目数を数えながら、2枚重ねてステッチをします。ステッチが終わったら、キャンバスの糸を1本ずつ抜いていけば、刺しゅうが布の上に残ります。あまりきつくステッチを刺してしまうと、キャンバスの糸が抜きにくくなってしまうので注意しましょう。

出来上がりサイズ
出来上がりサイズは、使う布の目数によって変わってきます。1cmあたりの目数が多ければ多いほど、ステッチの数は多くなり、モチーフは小さくなります。出来上がりが何cmになるかを割り出すには、次の方法にしたがって計算してください。

1. 布1cmあたりの目数を、何目ごとにステッチするかで割り、1cmあたりのステッチの数を割り出します。

例）1cm＝11目の布に2目刺しする場合、ステッチは1cmあたり5.5目（11cm÷2目ごと）。

2. チャートのステッチ数（幅＆高さのマス目の数）を数え、その数を5.5で割れば、出来上がりサイズが割り出せます。

例）：250目（幅）×250目（高さ）の場合

幅：250÷5.5＝約45cm

高さ：250÷5.5＝約45cm

以下は、布の目数とステッチの目数の換算表です。図案の出来上がりサイズを割り出すのに参考にしてください。

布の目数	1cmあたりの クロスステッチの数 (2目刺しの場合)	カウント
エタミン		
1cm＝5目	2.5目	13ct
1cm＝10目	5目	25ct
1cm＝11目	5.5目	28ct
リネン		
1cm＝5目	2.5目	13ct
1cm＝10目	5目	25ct
1cm＝11目	5.5目	28ct
1cm＝12目	6目	32ct

この本で紹介している作品は、すべて1cmあたり11目のリネン（オフホワイトか生成りの麻布）に刺しゅうしています。

カウントについて

「Counted」の略で、「ct」と表記し、1インチ（2.54cm）の中に布目が何目あるのかをいいます。例えば、11ctは、1インチに11目あるという意味で、カウント数が増えるにしたがって目は細くなっていきます。

ステッチを始める前に

・布を選んだら、先に述べた方法で図案の出来上がりサイズを割り出し、布をカットします。図案のモチーフをステッチしやすいように、余裕を持たせましょう。また、額に入れる場合や、縫い合わせて作品に仕上げる場合は、モチーフの周りに余白を持たせることも忘れずに。

・布をカットしたら、ほつれ防止のために縁をかがる。

・布を4つ折りにして中心を見つける。大きなタペストリーなど複雑な図案をステッチする場合は、縦と横の中心線をしつけ糸で縫っておけば目印となり、ステッチが刺しやすくなります（ステッチが仕上がったらしつけ糸は取り除くので、きつく刺しすぎないこと）。

チャート

小さなモチーフから大きな図柄まで、この本で紹介している作品はすべて、チャートを収録しています。チャートは小さな方眼状になっていて、それぞれのマス目の色は、ステッチに使う糸の色と対応しています。淡い色はバリエーションがとても多く、色も似ているので（P.35やP.57の作品は、20色以上に色分けしてあります）、色分けと同時に記号も併用し、さらに見分けやすくしました。各色の番号は、DMCの刺しゅう糸に対応しています。

また、チャート上の矢印は、図案の中心の目印となります。

チャートをカラーコピーで拡大すれば、見やすくなって、作業がはかどるでしょう。

刺しゅう道具

刺しゅう針

クロスステッチを刺すには、針先が丸いクロスステッチ針を使うのがおすすめです。布目を傷めることがありません。1本どり、2本どり、または3本どりに応じて、針穴は比較的大きめです。

・クロスステッチは普通、2本どりでステッチを刺すので、24番の針がベスト。

・26番の針は、1本どりで刺す場合や、アウトラインステッチなどを刺す場合に使う。

刺しゅう枠

布をぴんと張り、きれいなステッチを刺すために欠かせません。サイズは各種あります。ステッチする図案の周りに少し余白ができる大きさのものを選びましょう。布をはさむときには、布目がまっすぐになっているかを確認してから、枠のねじをしめます。

糸

刺しゅうには25番刺しゅう糸がよく使われ、クロスステッチではたいていこの糸を使います。6本の細い糸がより合わさっていて、簡単に1本ずつ引き抜くことができます。効率よく作業するために、台紙を使いましょう。帯状の厚紙の台紙に穴あけパンチで穴をあけます。糸全体を伸ばし、全体の4分の1位にカットした刺しゅう糸を半分に折り、片側を輪にして通し、結んでおくと色ごとに糸を分別できます。この本で紹介している作品はすべて、DMCの25番刺しゅう糸を使っています。DMCの刺しゅう糸は、カラーバリエーションが500種類ほどあるので、繊細なニュアンスを表現でき、洗練された作品に仕上がります。

クロスステッチの刺し方

クロスステッチ

クロスステッチは、初心者でも刺しやすいシンプルな刺しゅうです。斜めのステッチ2本を交差させ、布目に対して×の形に重ねていきます。

・左下から針を出して右上に入りの順で刺し進め、つぎに右下から左上の順で戻るのが一般的。
・きれいに仕上げるために、×は同じ方向に刺していくこと。
・図案のモチーフの内側から外側に向かって刺す（例：中心→下部）。
・1つのエリアが終わったら次のエリアという風に刺し進める。

クロスステッチは、使う布の目数や、作品の細かさによって、糸を1本どり、2本どりまたは3本どりでステッチを刺します。

この本で紹介している作品は、1cm＝11目のリネン（麻布）に、主に2本どりでステッチしています（次ページ参照）。影の部分などは、1本取りにしている場合もあります。2目刺しの場合、クロスステッチの数は5.5目、カウントは28ctとなります。

ポイントとコツ

・クロスステッチでは基本的に、玉結びをしない（作品にでこぼこができて、美しくないので）。
・刺し始めは布の裏側から刺し、糸端は数cm残しておく。
・ステッチを刺しながら、裏側に出た縫い目で糸端を押さえていく。
・縫い終わりは、裏側に出た縫い目に数ステッチ分くぐらせて始末する。縫い終わりも玉留めは作らない。
・使う糸は長くしすぎないこと。糸が傷んだり、切れる可能性がある。
・糸の長さは30〜40cmで十分。
・糸がねじれてきたら、針を糸にぶら下げた状態にしておき、ねじれが直ったら、再びステッチを始める。
・一般的には、一色ごとに刺していく。様々な色が続く場合は、針を数本使い分けて、順に刺していきます。場合によっては、糸を裏側の縫い目に数ステッチ分くぐらせてから糸を渡し、同じ色のステッチを刺しましょう（ただし、2cm以上間隔が開いていない場合）。2cm以上間隔が開いている場合は、先に述べたように糸端を始末し、また新たに刺し始めます。

クロスステッチ

横方向に往復しながら刺し進む場合

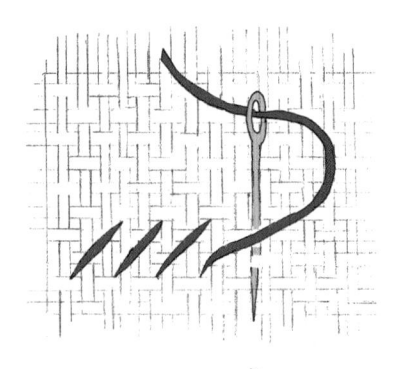

← 左から右へ

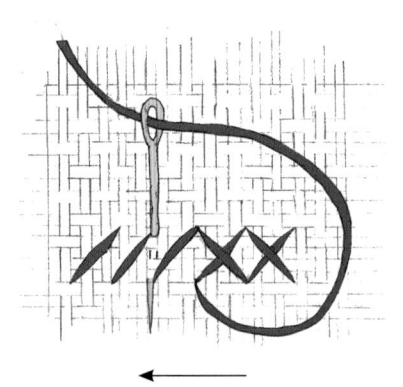

← 右から左へ戻る

ひとつずつ刺し進む場合

布の目数	クロスステッチの糸の本数	アウトラインステッチの糸の本数
エタミン		
1cm＝10目（1cm＝5目）	2本	1本
1cm＝11目（1cm＝5.5目）	2本	1本
リネン		
1cm＝5目（1cm＝2.5目）	3本	2本
1cm＝10目（1cm＝5目）	2本	1本
1cm＝11目（1cm＝5.5目）	2本	1本
1cm＝12目（1cm＝6目）	2本	1本
アイーダ		
1cm＝4目	3本	2本
1cm＝5.5目	2本	1本
1cm＝6目	2本	1本
1cm＝7目	2本	1本

アウトラインステッチ

このステッチは、モチーフの形や輪郭をはっきりさせたり、ボリュームを持たるために使います。目立ちすぎてはいけないので、部分的に施しましょう。
チャート上では、線（──）で示しています。使う布に応じて、DMCの25番糸を1本どりまたは2本どりでステッチします。この本で紹介している作品では、1本どりで使用しています。
クロスステッチ部分を仕上げてから、このステッチを刺していきます。

フレンチノットステッチ

小さな結び玉の立体的なステッチで、作品にニュアンスを与えてくれます。
とくに、クロスステッチやアウトラインステッチで刺したアルファベットに加えると、ぐんと引き立ちます。
針を裏から表に刺し、針を寝かせて糸を1回または2回巻きつける。糸を始めに出したところの近くに針を立て、糸をしっかりと引っ張りながら、針を裏へ通し、結び目を作る。

仕上げ

ステッチが完成したら、刺しゅう枠から布を外して、はみ出ている糸端をていねいに切り、中心にしつけた糸を取り除きます。水で軽く手洗いしてから、清潔な布の上に置いて乾かし、完全に乾ききる前に、厚地のタオルの上に移して、裏からアイロンをかけます。これで準備完了。額に入れたり、手を加えて作品に仕上げましょう。

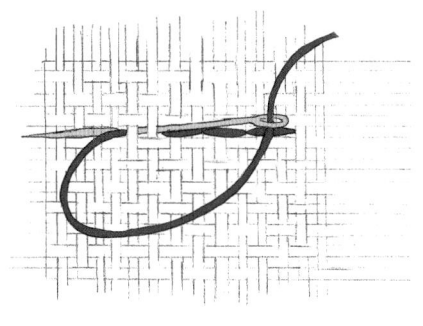

アウトラインステッチ

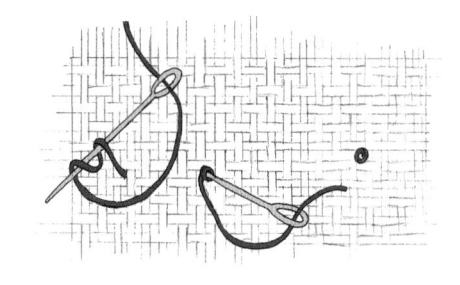

フレンチノットステッチ

本書で使用している糸や刺しゅう用生地のお問い合わせは下記へお願いします。
ディー・エム・シー株式会社
〒101-0035 東京都千代田区神田紺屋町13番地山東ビル7F
Tel: 03-5296-7831　URL: www.dmc.com

Confection des ouvrages
作品を作る

完成した刺しゅうを"作品"にレベルアップできたら、とても素敵！専門店に頼んで額に入れてもらうのも、ひとつの手。シンプルで洗練された作品に仕上げて日々の暮らしに役立てたり、お友達の好みに合わせたこだわりのプレゼントにしたり……。
お裁縫のプロである必要などないのです。この本で紹介している作品を作るのには、ちょっとした基礎知識と、最低限のお裁縫セットだけで十分。また、この本からインスピレーションを受けて、自分だけのオリジナル刺しゅうにアレンジしましょう。

布をカットしたら縫い合わせる前に、それぞれ周囲に縁かがりをしておきましょう。作品を縫うのに一番手っ取り早いのは、ミシンを使うこと。
ミシンがない場合は、アウトラインステッチかバックステッチで、ちくちく手縫いで作りましょう。

見栄えをよくするために、縫い糸はつり合う色をチョイスします。
作品を作る上で、角に切り込みを入れたり、生地の裏にアイロンをかけて縫い目を割ったり、布を差し込んだりする手順も出てきます。

基本のステッチ

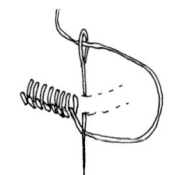

- ボタンホールステッチ
- フェザーステッチ
- コの字縫い
- ヘリングボーンステッチ
- バックステッチ
- チェーンステッチ

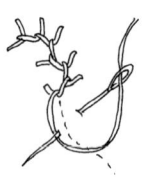

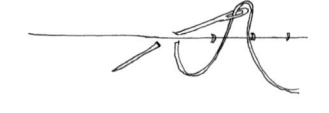

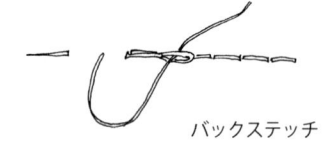

作り方で示されている生地のサイズには、縫い代が含まれています。
小さなモチーフは、刺しゅう枠にはめて作業しやすいように、生地のサイズが少し大きめに指定してあります。

Réalisations 作品の作り方

Note: 本書の作品は、1cmあたり11目の麻布（リネン）にステッチをしています。布の目数とステッチの目数は、P.125の換算表を参考にしてください。

ワンピース（18ヶ月）・・・Photo P. 110　Chart P. 112

材料
- 刺しゅう布（前身頃）麻布（アイボリー）32×15cm
- 木綿布（グリーンと白のギンガムチェック）140×54cm
- 幅0.5cmのリボン62cm
- 25番刺しゅう糸

出来上がりサイズ
ウエスト60cm　胸元～裾39cm

- 単位はcm
- （　）内は縫い代、指定以外はすべて1cm
- 身頃はP.145の型紙参照
- 裏見頃のギンガムチェックの透けが気になる場合は、代わりに白か生成り生地を使いましょう。

裁ち合わせ図

作り方

1. P.112を参照して前身頃に刺しゅうをする。
2. 肩ひもを図の様に折り、アイロンで形を整えてから4本縫う。
3. 身頃2枚を中表に合わせて両脇を縫う。
4. 表身頃と裏身頃を中表に合わせ、肩ひもをはさんで縫う。
5. ❶スカートの脇を中表に合わせて縫う。スカートの前後中央に合印（♀）をつける。
   ❷裾を三つ折りにして縫う。
   ❸ウエストをぐし縫い（又は大きな針目でミシン・ステッチ）する。
6. 身頃を表に返し、表身頃とぐし縫いの糸を引いてギャザーを寄せたスカートを中表に合わせて（合印を合わせる）縫う。
7. ❶裏身頃を下ろし、形を整えてからウエストにステッチをかける。
   ❷リボンをぐるりと縫いつける。

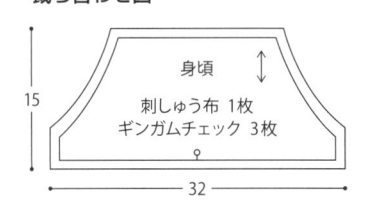

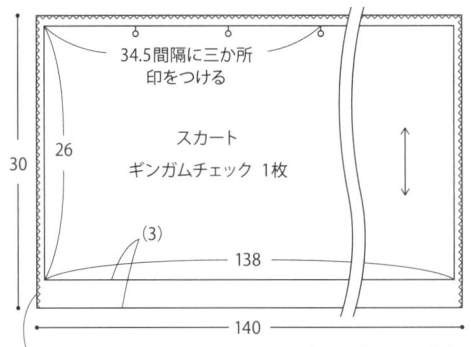

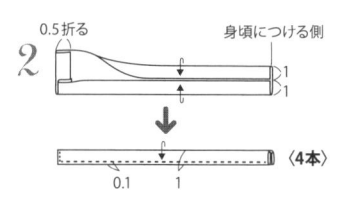

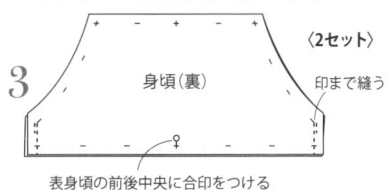

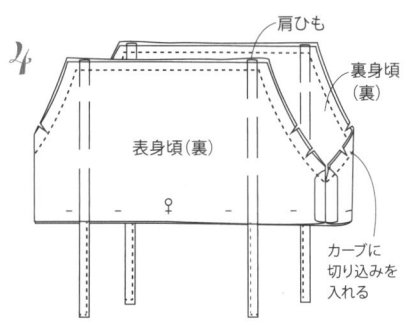

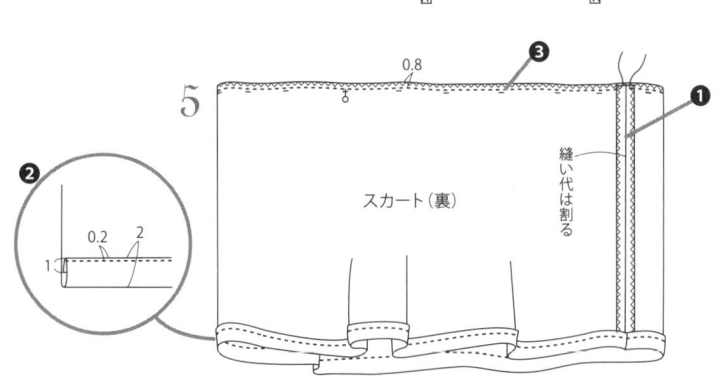

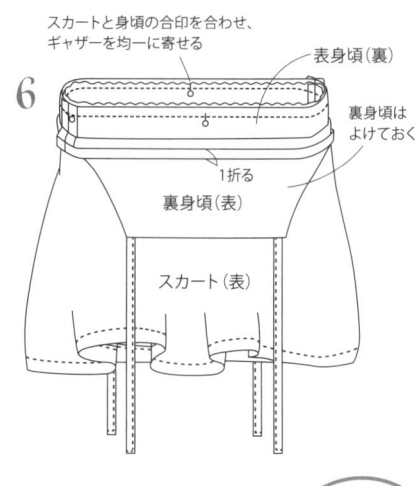

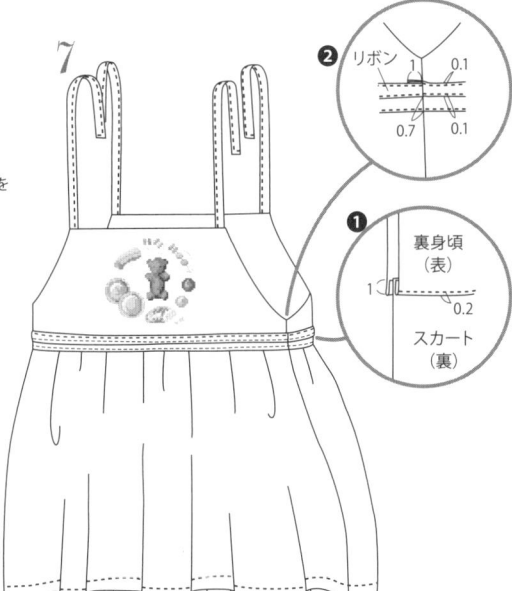

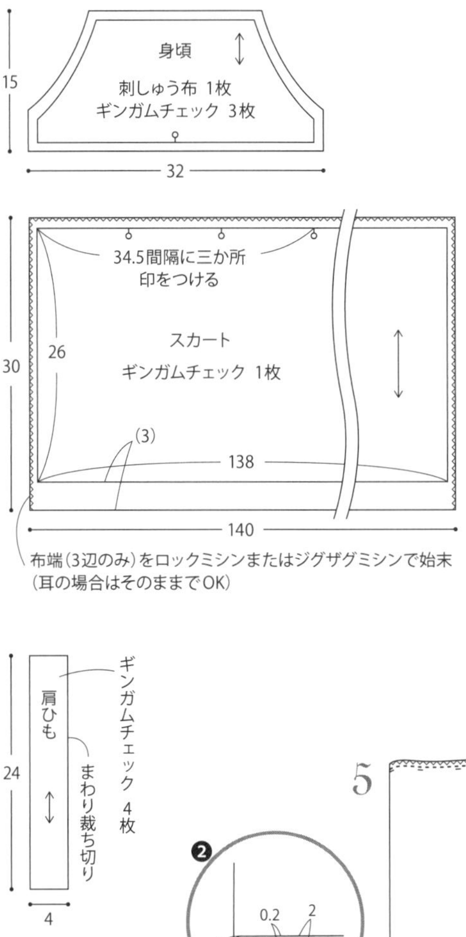

エプロン　大人・・・Photo P. 36　Chart P. 37

材料
- 刺しゅう布（エプロン）麻布（アイボリー）70×80cm
- 幅1cmのバイアステープ（ピンク、黄色）各160cm
  （水色）35cm
- 25番刺しゅう糸

出来上がりサイズ
ウエストフリー　胸元〜裾78cm

- P.144の型紙を参照にしてエプロンを裁つ
- 単位はcm
- 刺しゅうの裏が気になる場合は、裏布をつけましょう。

作り方

1
- ❶ P.37を参照して前身頃に刺しゅうをする。
- ❷ 両脇を三つ折りにして縫う。
- ❸ 裾を三つ折りにして縫う。
- ❹ 胸元をバイアステープでくるんで縫う。

2
- ❶ エプロンの袖ぐりにバイアステープを図の様に合わせて縫う。
- ❷ バイアステープの両端を折る。
- ❸ 袖ぐりをバイアステープでくるみ、続けてひもを縫う。

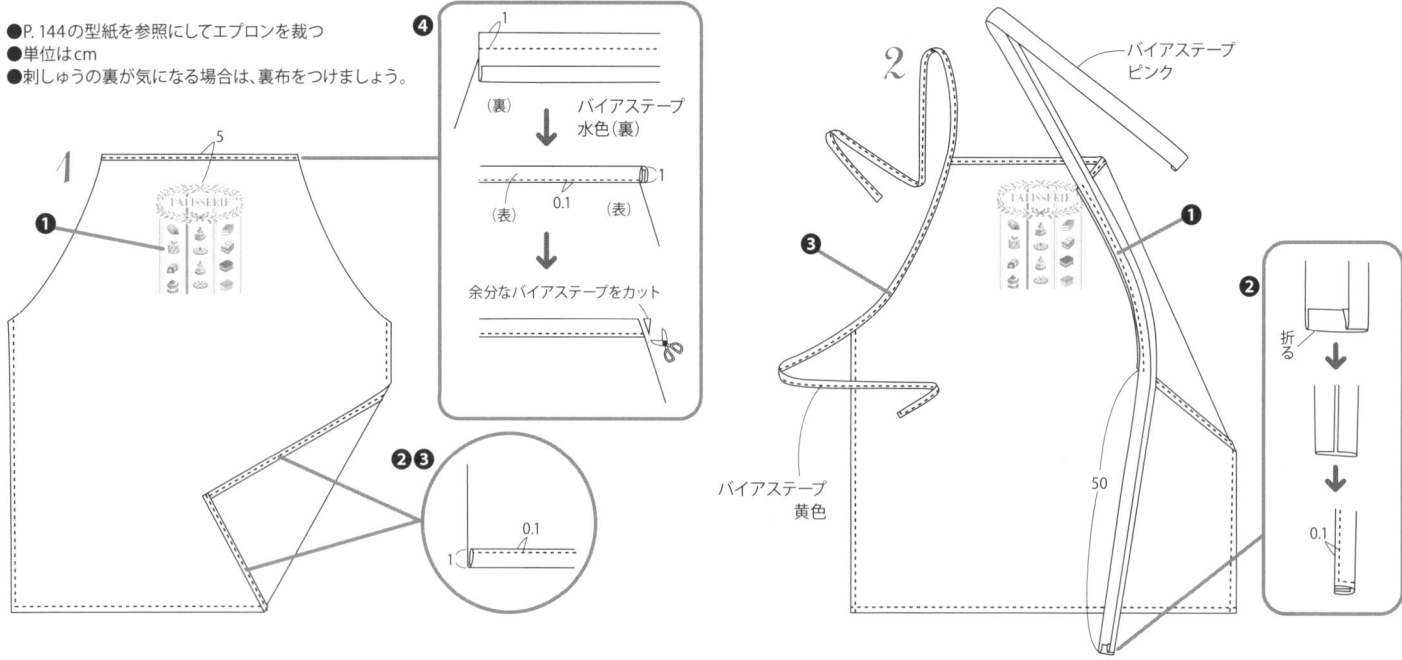

エプロン　子供・・・Photo P. 92 & 93　Chart P. 94

材料
- 刺しゅう布　麻布（アイボリー）20×15cm
- 幅55cmのふきん（白地に紺色の格子柄）50cm
- 幅1cmのバイアステープ
  （水色と白のギンガムチェック）200cm
- 25番刺しゅう糸

出来上がりサイズ
ウエスト幅55cm（ひも含まず）
胸元〜裾46cm

- P.144の型紙を参照にしてエプロンを裁つ
- 単位はcm
- 刺しゅうの裏が気になる場合は、裏布をつけましょう。

作り方

1 P.94を参照して刺しゅう布に刺しゅうをする。

2 上端と裾をそれぞれ三つ折りにして縫う。

3
- ❶ エプロンの袖ぐりにバイアステープを図の様に合わせて縫う。
- ❷ バイアステープの両端を折る。
- ❸ 袖ぐりをバイアステープでくるみ、続けてひもを縫う。
- ❹
  - a 刺しゅうより1.5〜2cm外側で楕円を描くように、厚紙で型紙をとる。
  - b 型紙に1cmの縫い代をつけて刺しゅう布を裁ち、まわりをぐし縫いする。
  - c 刺しゅう布の裏に型紙を置いてからぐし縫いの糸を引き、縫い代をアイロンで押さえる。
  - d 刺しゅう布を縫いつける。

コック帽・・・Photo P. 92 & 93　Chart P. 95

材料
- 刺しゅう布　麻布（アイボリー）55×9cm
- 幅60cmのふきん（白地に紺色の格子柄）40cm
- 25番刺しゅう糸

出来上がりサイズ
頭まわり53cm

- 縫い代は1cm
- 単位はcm

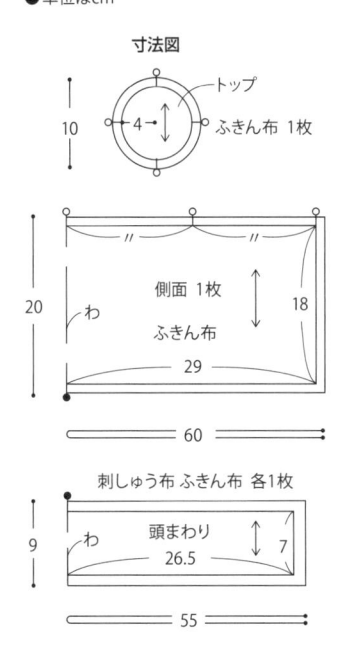

作り方

1.
   1. P.95を参照して刺しゅう布に刺しゅうをする。
   2. 頭まわり2枚を中表に合わせ、長い辺の下側（刺しゅうの上下を確認する）を縫う。
   3. ふきん布の縫い代を折ってアイロンで押さえる。
   4. 頭まわりを中表に折って縫う。

2.
   1. 側面を中表に折って縫う。
   2. 上側になる一辺をぐし縫い（又は大きな針目でミシン・ステッチ）する。

3.
   1. トップとぐし縫いの糸を引いてギャザーを寄せた側面を中表に合わせて（合印を合わせる）縫う。
   2. 縫い代にジグザグミシン（ロックミシン）をかける。

4. 側面と刺しゅう布を図の様に中表に合わせ、側面の余った布は前中央でタックを取って縫う。

5. 頭まわりを二つ折りにしてぐるりと縫う。

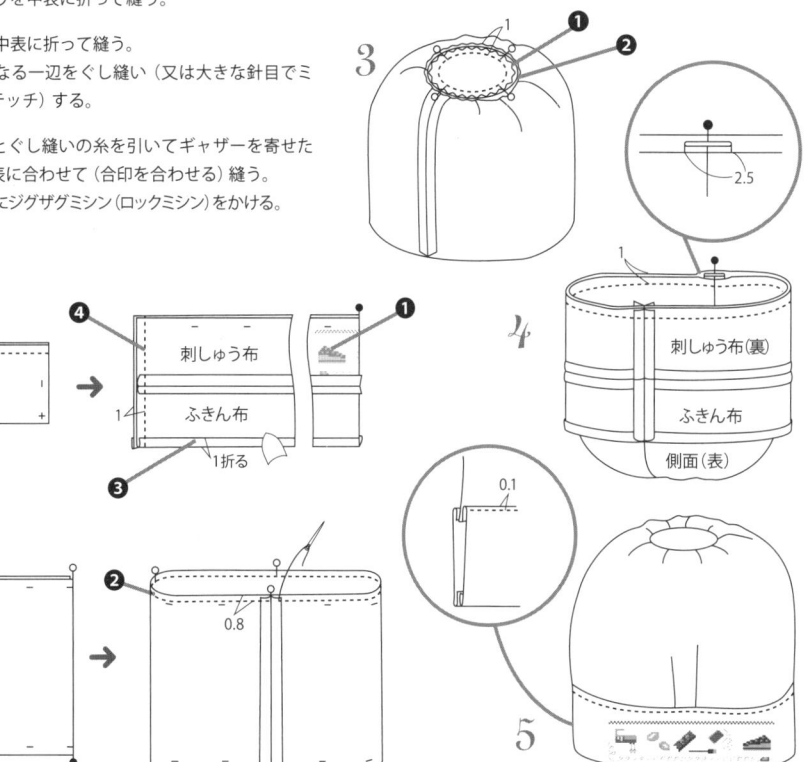

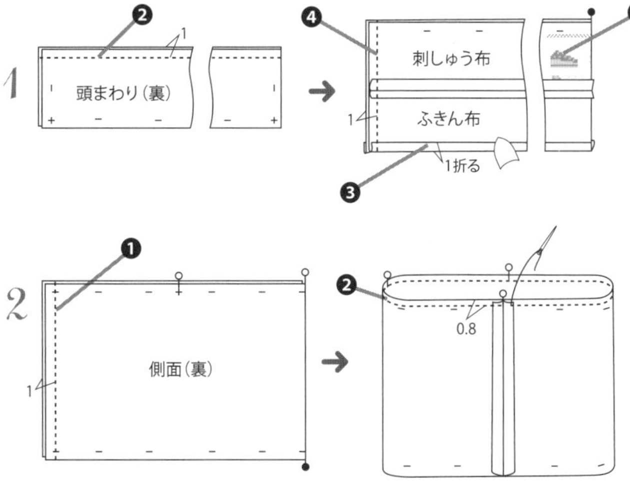

トレーホルダー・・・Photo P.88　Chart P. 91

材料
- 刺しゅう布　麻布（アイボリー）11×47cm
- 木綿布（赤字に白の水玉模様）33×47cm
- 直径2cmの丸カン
- 直径2cmの足付きボタン
- 25番刺しゅう糸

出来上がりサイズ
幅9cm　長さ43.5cm

- 縫い代は1cm
- 単位はcm

作り方

1.
   1. P.91を参照して刺しゅう布に刺しゅうをする。
   2. 刺しゅう布と1枚の木綿布を中表に合わせて縫う。木綿布2枚も同様に縫う。

2. 2枚を中表に合わせ、返し口を残して縫う。

3.
   1. 表に返して返し口をとじる。
   2. 二つ折りにして後ろ側に丸カンを縫いつける。
   （布の逆側まで針を通し、2枚一緒にすくう）
   3. 丸カンの縫いつけ糸の位置の表側にボタンを縫いつける

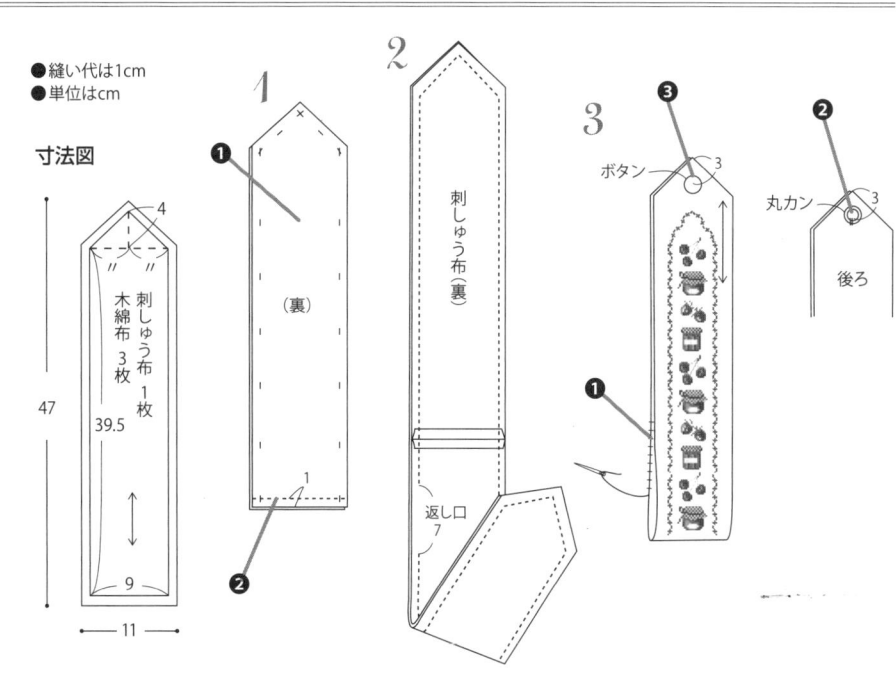

サロンエプロン・・・Photo P.89　Chart P.90

材料
- 刺しゅう布（ポケット）麻布（アイボリー）16×13cm
- 薄手木綿布（白）120×75cm
- 木綿布（赤字に白の水玉模様）16×17cm
- 幅3cmのコットンレース250cm
- 25番刺しゅう糸

出来上がりサイズ
ウエスト前幅28cm　丈50cm

- （ ）内は縫い代、指定以外はすべて1cm
- 単位はcm

断ち合わせ図

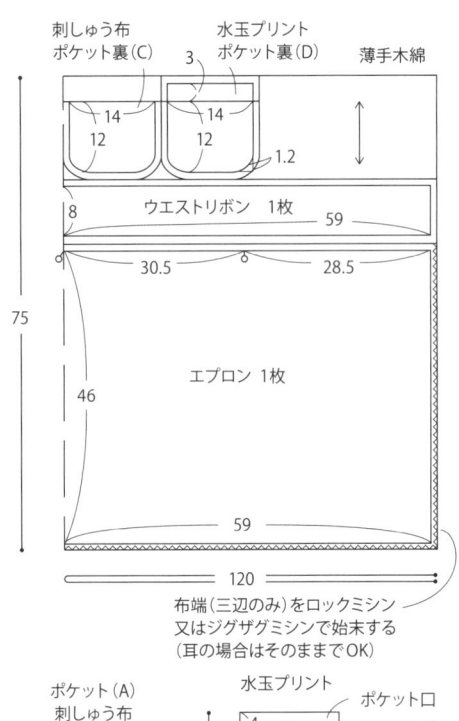

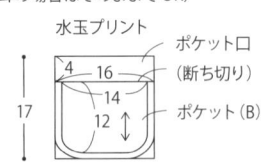

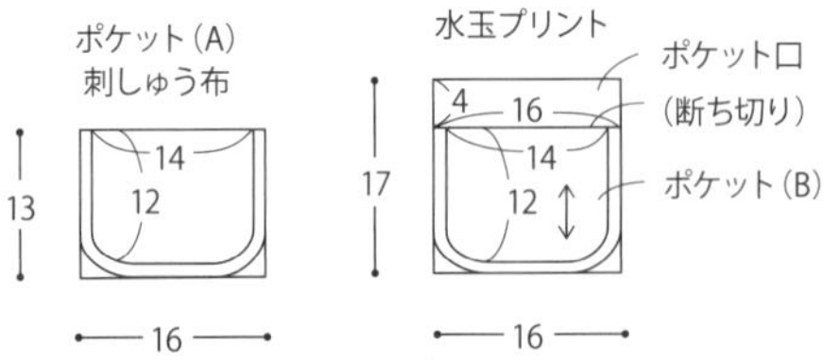

作り方

1
1. P.90を参照してポケットAに刺しゅうをする。
2. ポケットAとCを中表に合わせて縫い、表に返す。
3. 入れ口にポケット口を中表に合わせて縫う。
4. 入れ口をポケット口でくるんで縫う。

2
1. ポケットBとDを図の様に合わせてレースをはさんで縫う。
2. 中表に合わせて返し口を残して縫い、表に返して形を整える。

3
1. レースを三辺に縫いつける。
2. ポケットを縫いつける。
3. ウエストをぐし縫い（又は大きな針目でミシン・ステッチ）する。

4
1. ウエストリボンの両端にレースを縫いつける。
2. 中表に合わせて中央から各14cmを残して両側を縫う。
3. 一枚の縫い代に5mm位切り込みを入れる。

5 切り込みを入れた側のウエストリボンとぐし縫いの糸を引いてギャザーを寄せたスカートを中表に合わせて（合印を合わせる）縫う。

6 ウエストリボンの縫い代を折り込み、形を整えてまつる。

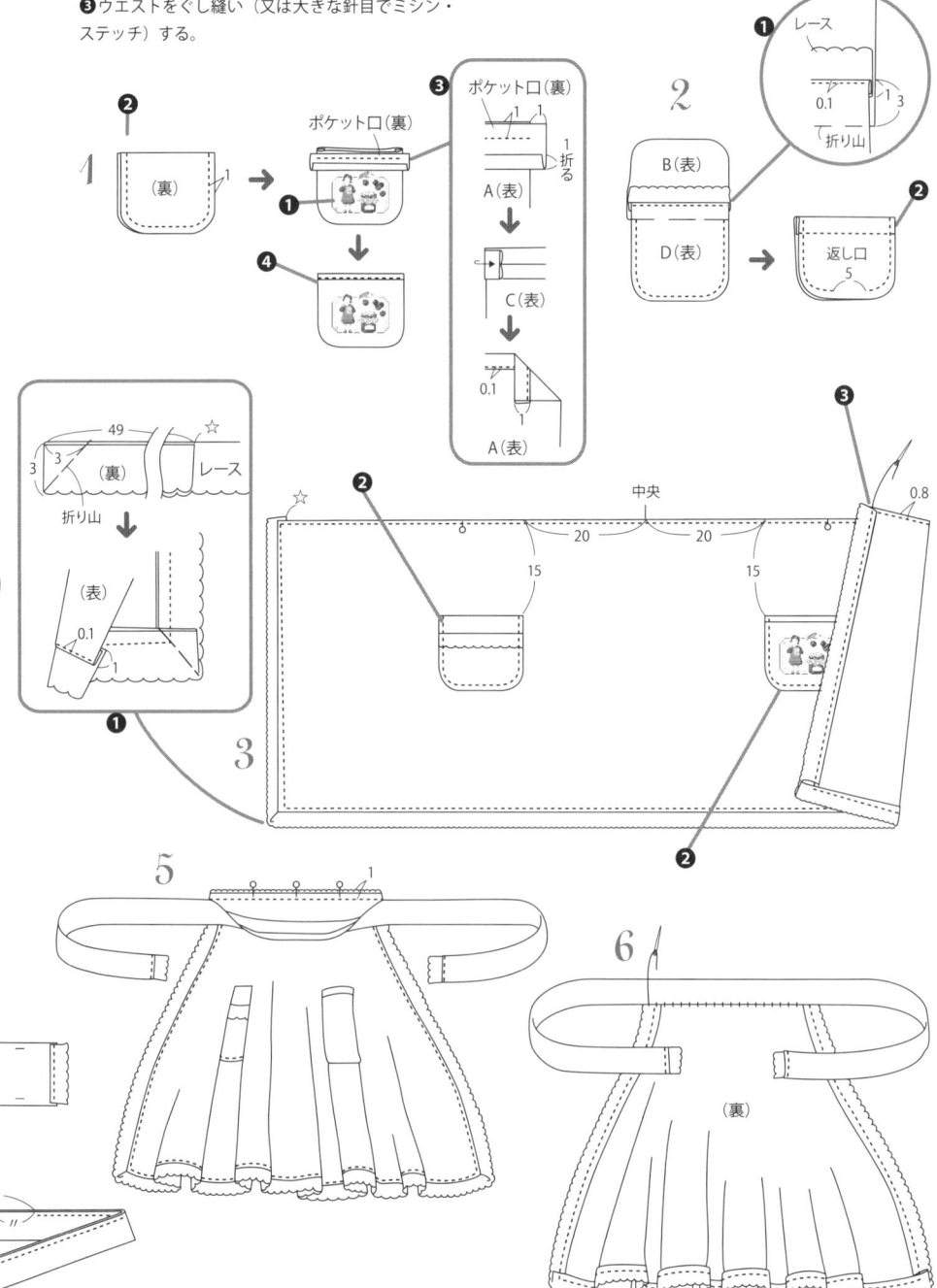

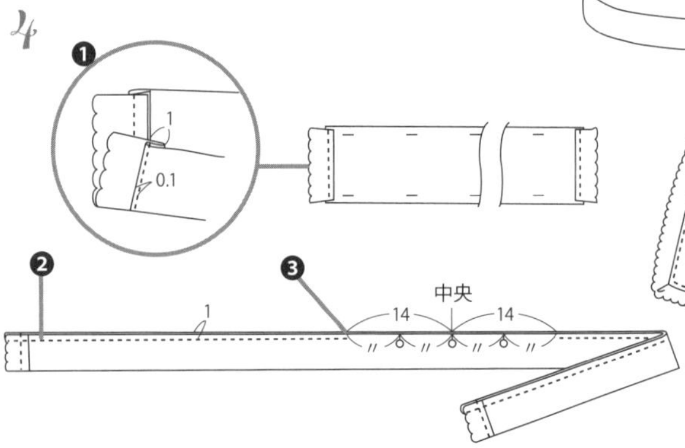

タルトバッグ・・・Photo P.100 & 101　Chart P.102 & 103

材料
- 刺しゅう布　麻布（アイボリー）37×46cm
- 木綿布A（白）74×37cm
- 木綿布B（赤と白のギンガムチェック）37×47cm
- 25番刺しゅう糸

出来上がりサイズ
35cm角

作り方

1. ① P.102 & 103を参照して上布に刺しゅうをする。
   ② 底布Aと刺しゅう布を図の様に合わせて縫う。
2. 底布Bと上布Aを図の様に合わせ、返し口を残して縫う。
3. 持ち手刺しゅう布とBを中表に合わせて縫い、表に返す。
4. 表に返した外袋の上布に持ち手を縫いつける。
5. 中袋の中に外袋を中表に合わせて入れ、入れ口を縫う。
6. 表に返して返し口をとじる

寸法図
- 縫い代は1cm
- 単位はcm

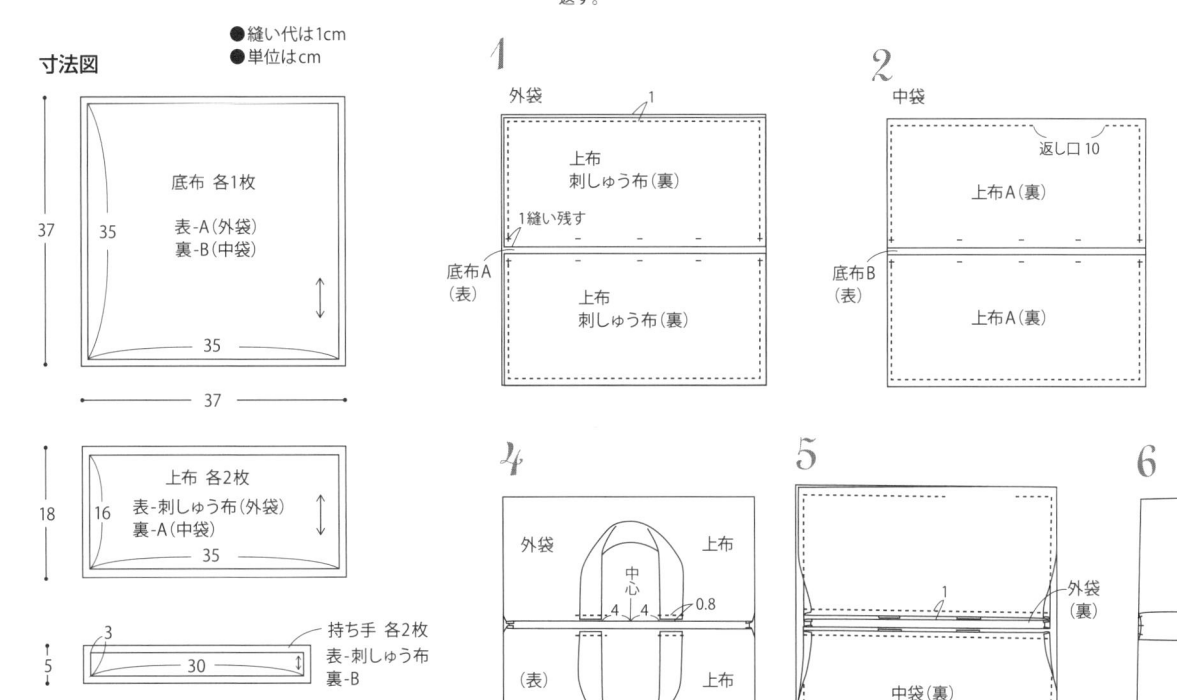

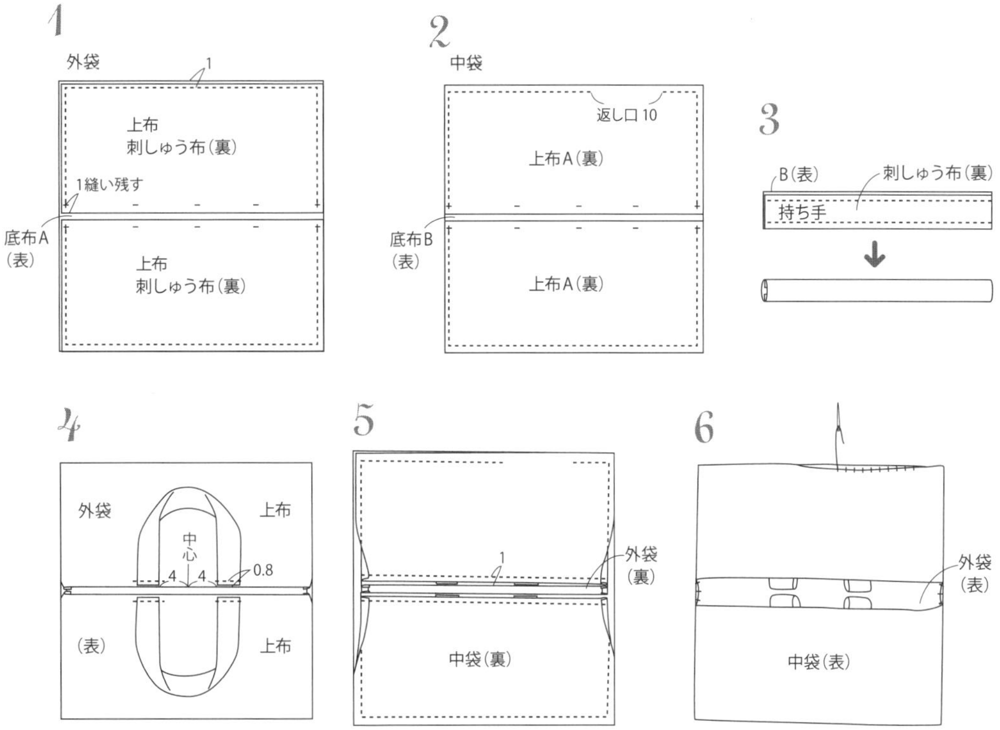

底布　各1枚　表-A（外袋）裏-B（中袋）　37×37（35×35）

上布　各2枚　表-刺しゅう布（外袋）裏-A（中袋）　18×35（16×35）

持ち手　各2枚　表-刺しゅう布　裏-B　5×32（3×30）

ルリジューズ・・・Photo P.72 & 73　Chart P.74 & 75

材料
- 刺しゅう布　麻布（アイボリー）40×25cm
- 25番刺しゅう糸
- 化繊綿
- 他にビーズ、パールビーズ、ボタン、ジャバラテープ等を適宜

出来上がりサイズ
直径10cm、高さ10cm位

- 単位はcm
- 円を描き、大と中に刺しゅうを刺した後もう一度円を確認してから丸く裁つ

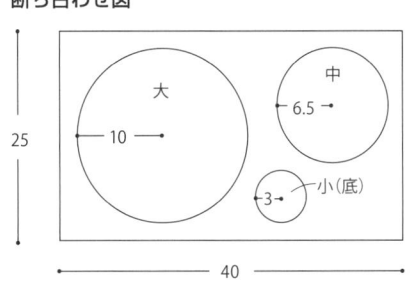

作り方

1. ① P.74 & 75を参照して大と中の中央に刺しゅうをする。
   ② 大と中のまわりにぐし縫いをする。
2. 大はぐし縫いの糸を引いて綿を詰め、小でふたをしてとじる。
3. ① 中はぐし縫いの糸を引いて綿を詰め、大に縫いつける。
   ② 好みの位置にビーズ等を縫いつける。

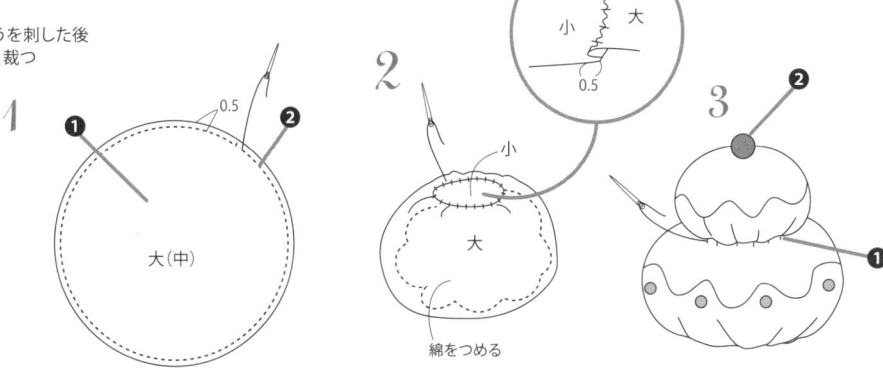

断ち合わせ図
大　直径10　／　中　直径6.5　／　小（底）直径3　／　25×40

クリスマスカレンダー・・・Photo P.60　Chart P.61〜63

材料
- 刺しゅう布　麻布（アイボリー）66×90cm
- 木綿布ー裏布（生成り）66×47cm
- 木綿布（赤と生成りのプリント－写真参照）17×25cm を5種類、9×25cmを1種類
- 幅0.8cmのデザインコード90cm
- 25番刺しゅう糸

出来上がりサイズ
64×45cm（土台のみ）

作り方

1.
   ① P.61〜63を参照して土台中央とポケットに刺しゅうをする。
   ② ポケット口を折ってアイロンで押さえる。
   ③ 1〜18のポケットは残り三辺を折ってアイロンで押さえる。
   ④ 19〜24のポケット
   ポケット土台の図の位置に10〜15cmに切ったデザインコードを縫いつける。（コードの長さは写真を参照して好みの長さにする）
   ⑤ 中表に合わせて返し口を残して縫う。
   ⑥ 表に返して返し口をとじる。

2. 刺しゅう布の土台に1〜18のポケットを縫いつける。

3. 棒通しを中表に折って縫い、表に返す。

4. 土台2枚を中表に合わせ、19〜24のポケットと二つ折りにした棒通しをはさみ、返し口を残して縫う。

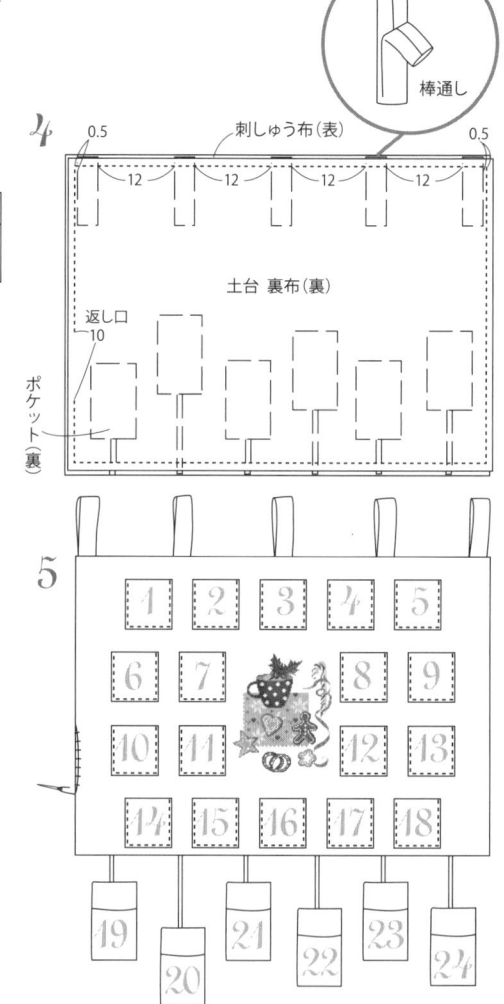

5. 表に返して返し口をとじる。

- （　）内は縫い代、指定以外は1cm
- 単位はcm

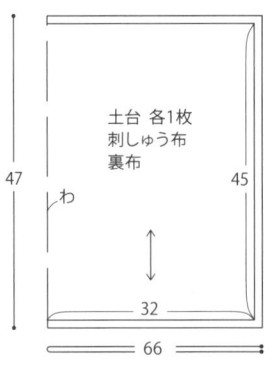

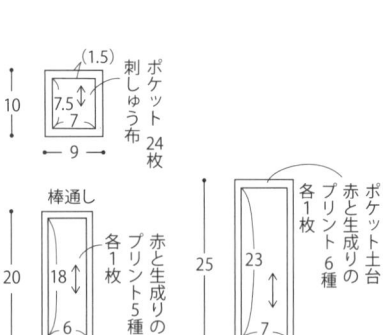

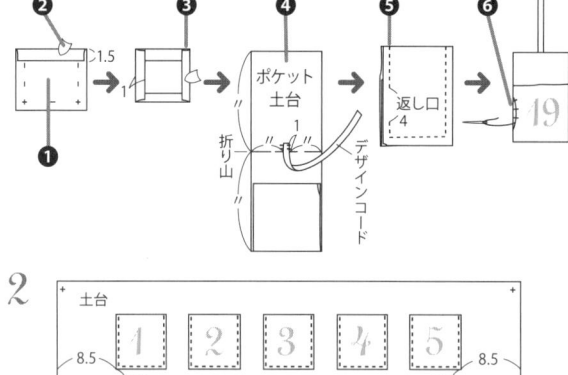

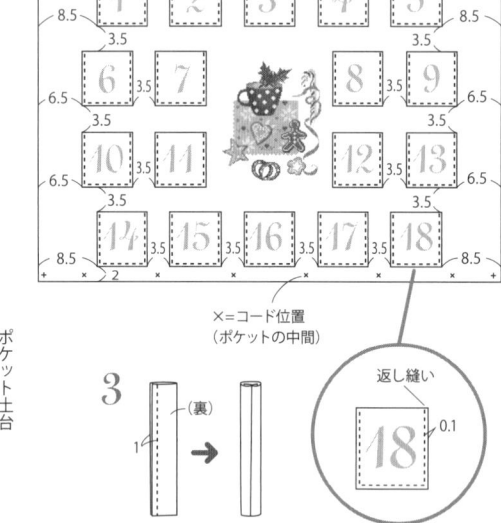

トレーマット・・・Photo P.8&9　Chart P.10&11

材料
- 刺しゅう布　麻布（アイボリー）36×21cm
- 木綿布（白）36×21cm
- 幅3cmの綿レース74cm
- 25番刺しゅう糸

出来上がりサイズ
35×20cm

作り方

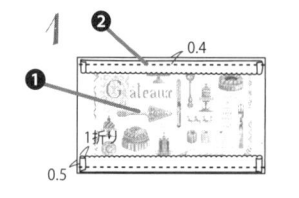

1.
   ① P.10&11を参照して刺しゅう布に刺しゅうをする。
   ② 刺しゅう布の長い二辺にレースを縫いつける。

2. 刺しゅう布と木綿布を中表に合わせて返し口を残して縫う。

3. 表に返して返し口をとじる。

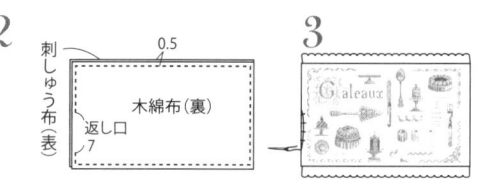

- 縫い代は0.5cm
- 単位はcm

ランチョンマット・・・Photo P. 40　Chart P. 42 & 43

材料
- 刺しゅう布　麻布（アイボリー）23×20cm
- 木綿布A（グリーンに白の水玉模様）35×8cm
- 木綿布B（薄紫に白の水玉模様）13×20cm
- 木綿布－裏布（白）35×27cm
- 幅3cmの綿レース35cm
- 25番刺しゅう糸

出来上がりサイズ
35×27cm

- 縫い代は0.5cm
- 単位はcm

裁ち方

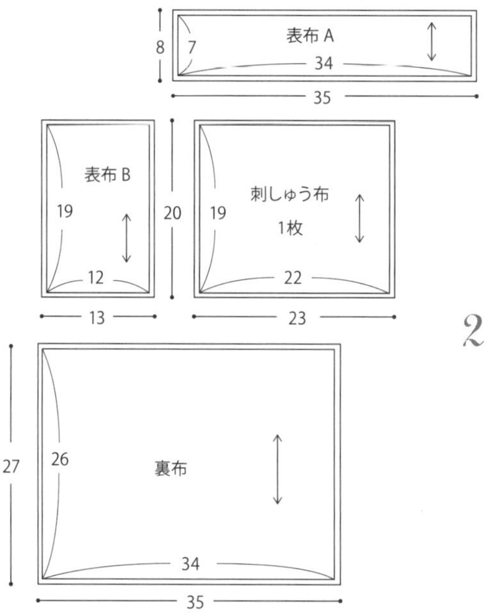

表布A　8／7　34　35

表布B　19／20　12　13

刺しゅう布 1枚　19　20　22　23

裏布　27／26　34　35

作り方

1. ① P.42 & 43を参照して刺しゅう布に刺しゅうをする。
   ② 刺しゅう布と表布Bを中表に合わせて縫う。
2. 1と表布Aを中表に合わせ、レースをはさんで縫う。
3. 表布と裏布を中表に合わせて返し口を残して縫う。
4. 表に返して返し口をとじる。

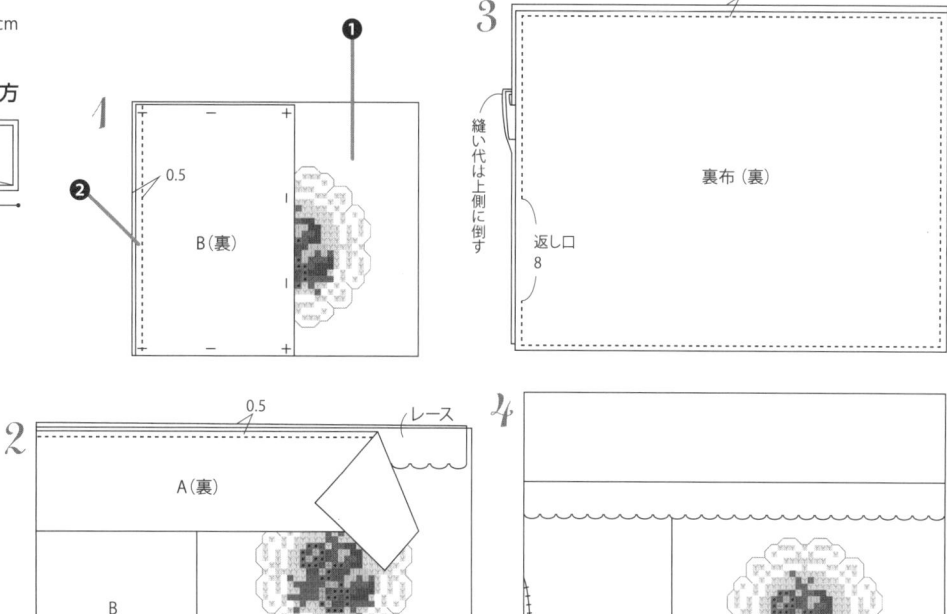

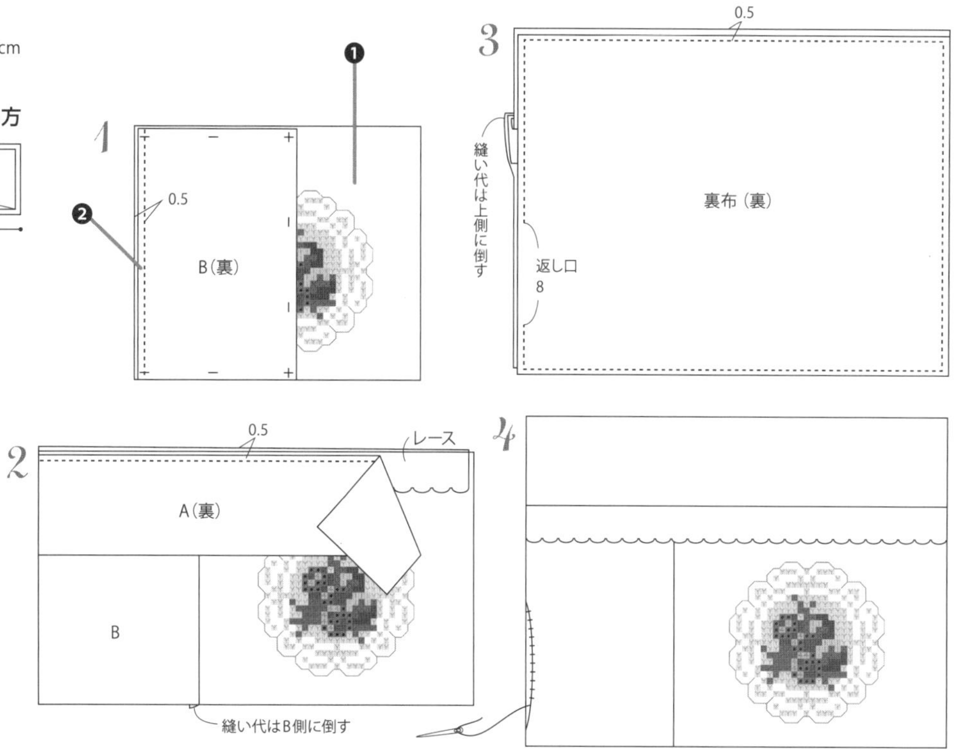

ナプキンリング・・・Photo P. 40　Chart P. 41 & 42（小さなモチーフ）

材料
- 刺しゅう布　麻布（アイボリー）10×10cm
- 木綿布A（薄紫に白の水玉模様）30×6cm
- 木綿布B（グリーンに白の水玉模様）8×4cm
- 25番刺しゅう糸

出来上がりサイズ
リングまわり19cm

- 縫い代は0.5cm
- 単位はcm

裁ち方

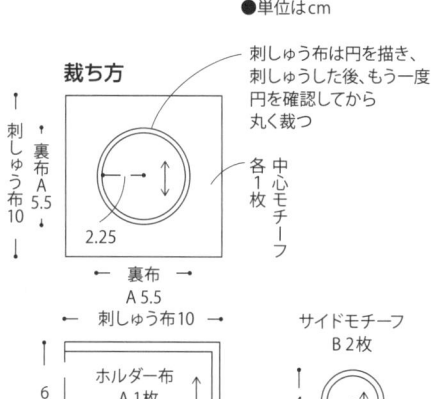

刺しゅう布は円を描き、刺しゅうした後、もう一度円を確認してから丸く裁つ

裏布A 5.5　刺しゅう布10　2.25

ホルダー布 A 1枚　6　わ　20

サイドモチーフ B 2枚　4　1.75

作り方

1. ① P. 41 & 42（小さなモチーフ）を参照して刺しゅう布に刺しゅうをする。
   ② 刺しゅう布と裏布Aを中表に合わせて返し口を残して縫う。
   ③ 表に返して返し口をとじる。
2. ① サイドモチーフの布端を0.5cm折り、ぐし縫いをする（半径1.75cmの円形の厚紙を中に入れ、アイロンで押さえてから縫うと仕上がりがきれいになります）。
   ② ぐし縫いの糸を引いて円形の形を整え、玉どめをする。
3. ① ホルダー布の両側の縫い代を折る。
   ② 中表に折って縫い、表に返す。
4. ホルダー布の中心に中心モチーフ、両側にサイドモチーフを縫いつける（表に糸が出ない様にモチーフ端を少し折り上げて内側を縫う）。
5. ホルダー布をわに縫い合わせる。

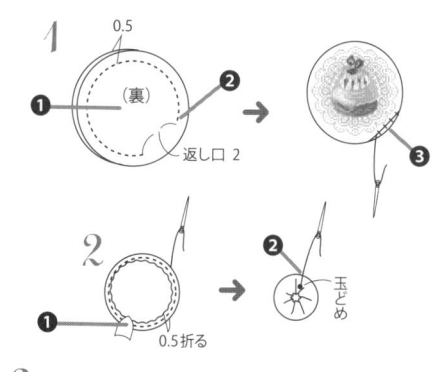

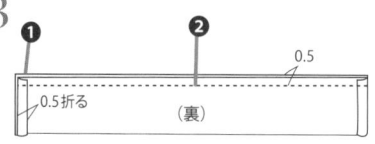

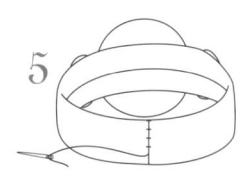

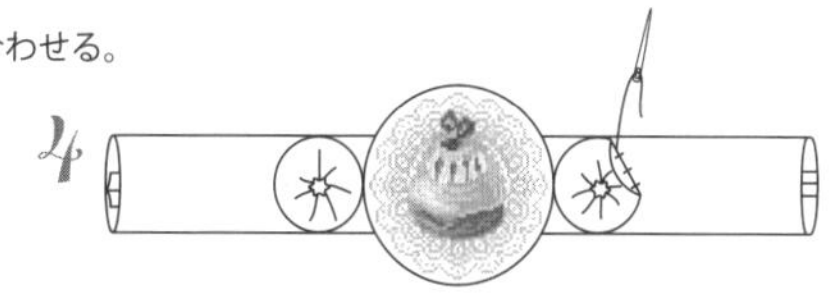

テーブルライナー・・・Photo P.12 & 13　Chart P.14 & 15

材料
- 刺しゅう布　麻布（サンドベージュ）80×96cm
- 木綿布（サンドベージュ）80×96cm
- リボン　幅2.5cm（ピンク）96cm、幅4cm（ベージュ）48cm、幅5cm（グリーン）48cm
- 25番刺しゅう糸

出来上がりサイズ
156×46cm

作り方
1. ① P.14 & 15を参照して刺しゅう布に刺しゅうをする。
   ② 刺しゅう布、裏布をそれぞれ中表に合わせて縫う。
2. 刺しゅう布にリボンをバランス良く縫いつける。
3. 刺しゅう布と裏布を中表に合わせて返し口を残して縫う。
4. 表に返して返し口をとじる。

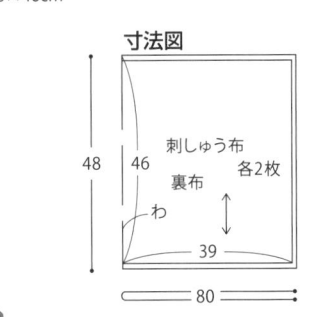

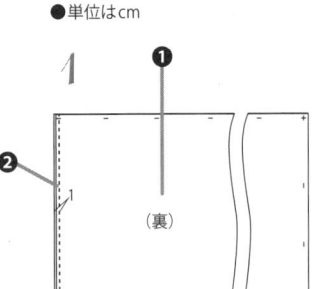

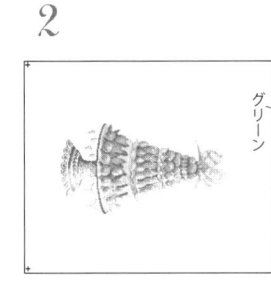

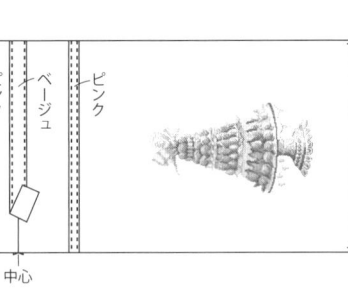

- 縫い代は1cm
- 単位はcm

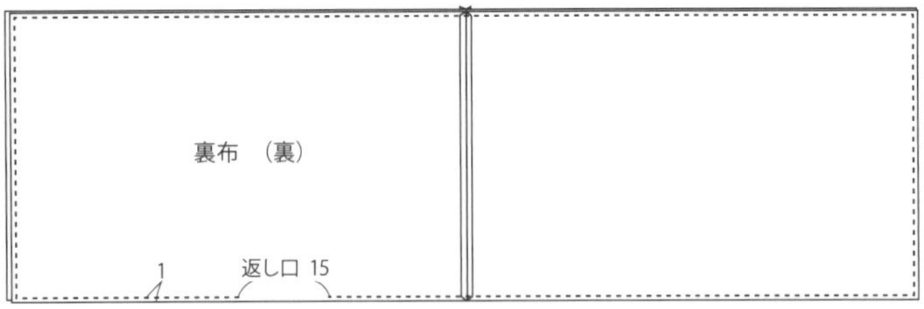

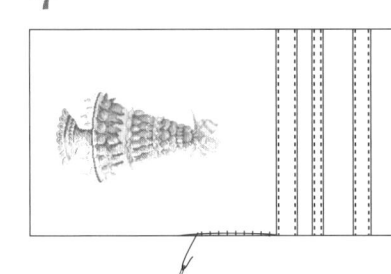

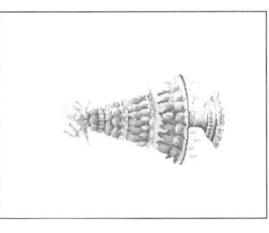

クッション・・・Photo P.50 & 51　Chart P.52

材料
- 刺しゅう布　麻布（アイボリー）35×14cm
- 木綿布A（うす紫にピンク系の小花柄）35×5.5cm
- 木綿布B（青紫に生成りの小花柄）35×5.5cm
- 木綿布C（生成りにピンク系のチェック柄）35×5.5cm
- 木綿布－後ろ布（アイボリー）35×27.5cm
- 25番刺しゅう糸
- 化繊綿

出来上がりサイズ
34×26.5cm

作り方
1. ① P.52を参照して刺しゅう布に刺しゅうをする。
   ② 刺しゅう布、表布A、B、Cをそれぞれ中表に合わせて縫う。
   ③ 縫い代は刺しゅう布と逆の方向に向かって倒す。
2. 表布と裏布を中表に合わせて返し口を残して縫う。
3. 表に返して綿を詰め、返し口をとじる。

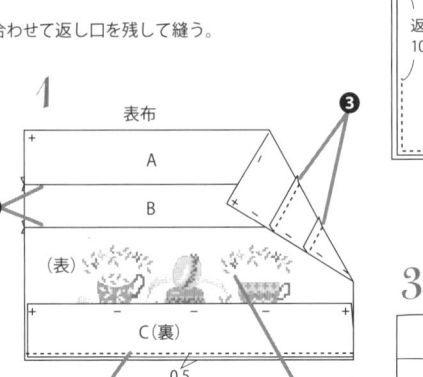

- 縫い代は0.5cm
- 単位はcm

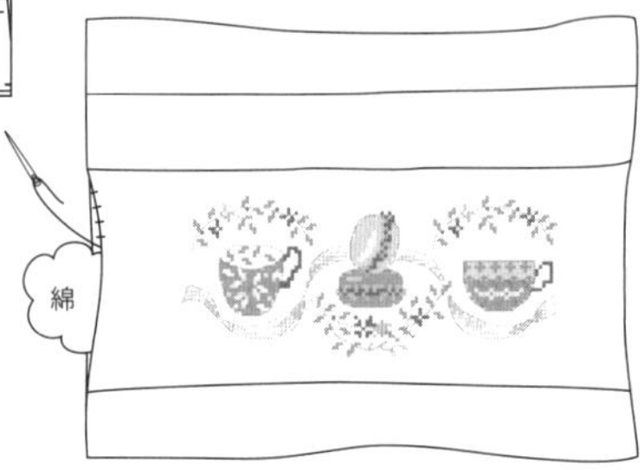

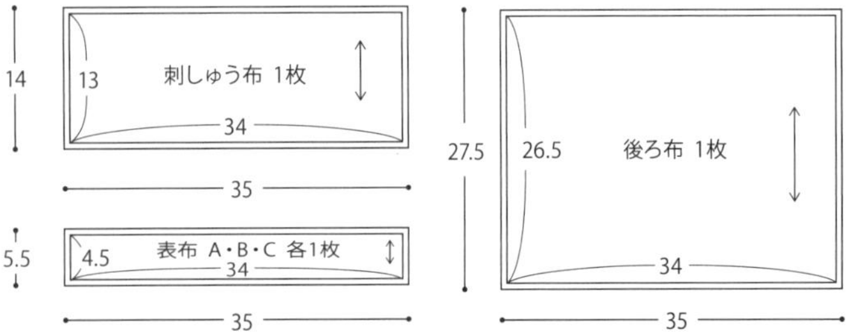

ソファー掛け・・・Photo P.51　Chart P.52 & 53

材料
- 刺しゅう布（A）麻布（アイボリー）89×45cm
- 木綿布B（ピンク）58×60cm
- 木綿布C（うす紫）58×60cm
- 木綿布D（青紫に生成りの小花柄）58×30cm
- 木綿布E（うす紫にピンク系の小花柄）30×15cm
- 木綿布F（生成りにピンク系のチェック柄）30×15cm
- 木綿布G（赤紫）140×56cm
- 木綿布－裏布（好きな色で）140×140cm
- 25番刺しゅう糸
- 化繊綿

出来上がりサイズ
138×138cm

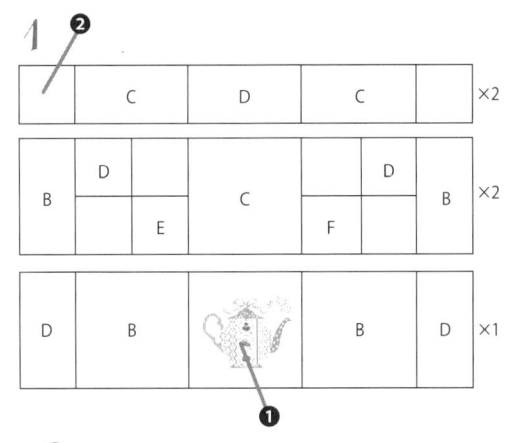

- 縫い代は0.5cm
- 単位はcm

作り方

1.
   ❶ P.52 & 53×を参照して刺しゅう布（A）に刺しゅうをする。
   ❷ 刺しゅう布（A）と表布B～Fをそれぞれ中表に合わせて図の様に長方形に縫い合わせる。

2.
   ❶ 長方形に縫った布を正方形に縫い合わせる。
   ❷ まわりに表布Gを縫いつける。
   　1－表布と表布Gを図の様に中表に合わせて端から0.5cmを残して縫う。
   　2－もう一辺も同様に縫う。
   　3－表布Gを中表に合わせて角を図の様に縫う。
   　4－縫い代を割って表に返し、余分な縫い代は切り取る。

3. 表布と裏布を中表に合わせて返し口を残して縫う。

4. 表に返して返し口をとじる。

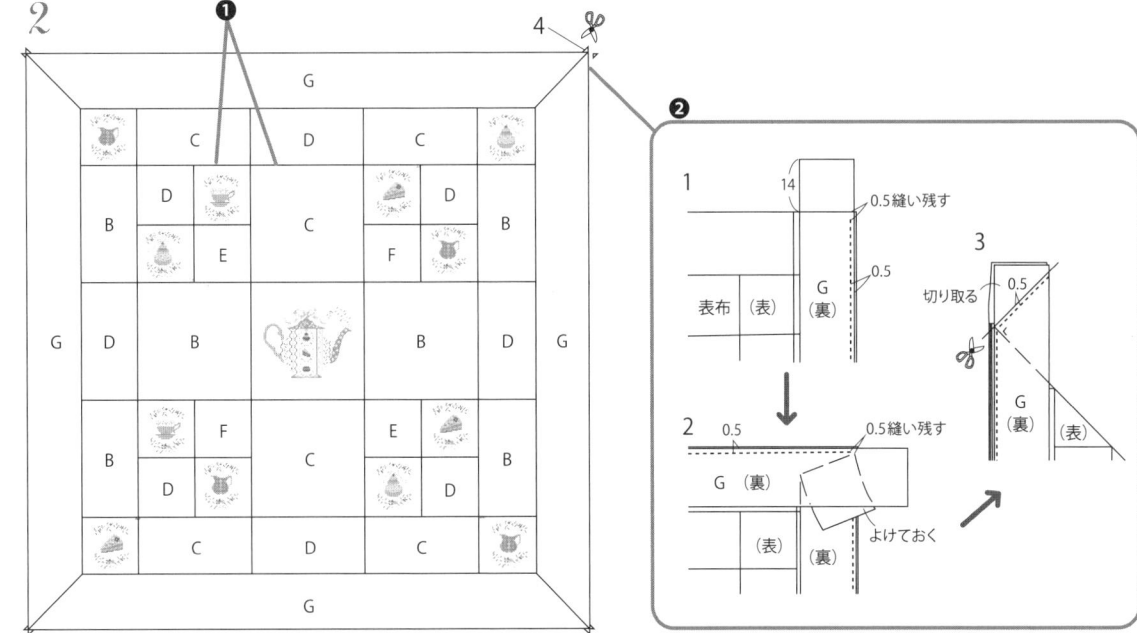

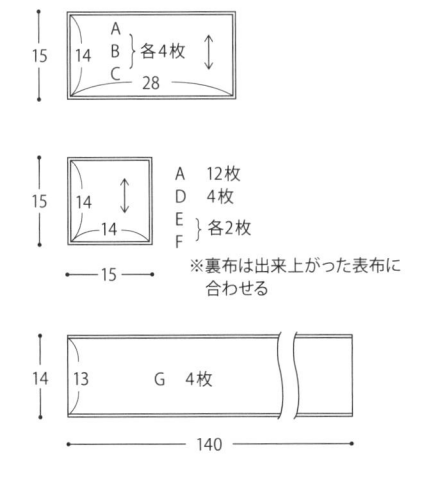

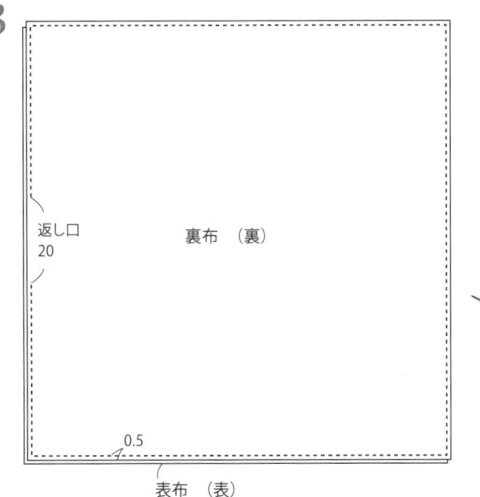

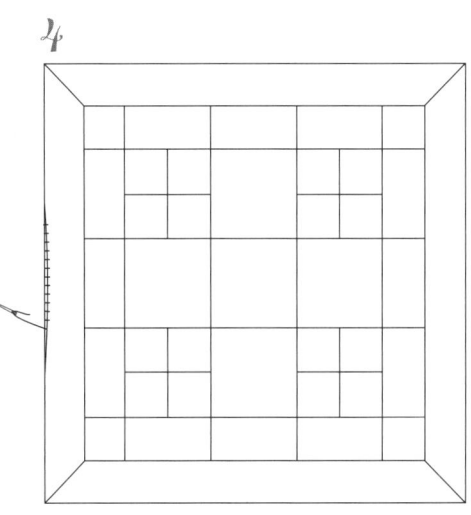

小袋・・・Photo P. 24 & 25　Chart P. 23 & 27

材料
- 刺しゅう布　麻布（アイボリー）14×60cm
- リボン、サテンコード　50〜60cm
- レース適宜
- 25番刺しゅう糸

出来上がりサイズ
13×22cm

- （　）内は縫い代
- 単位はcm

作り方

1.
   1. P. 23 & 27を参照して刺しゅう布に刺しゅうをする。
   2. 布端をロックミシンまたはジグザグミシンで始末する。
   3. 底から中表に折ってひも通し口を残して縫う。
   4. 縫い代は割る。

2. 入れ口を折り、2本ステッチをかけてひも通しを作る。

3. リボンやコードを通す。好みで入れ口やひも通し位置にレースを縫いつける。

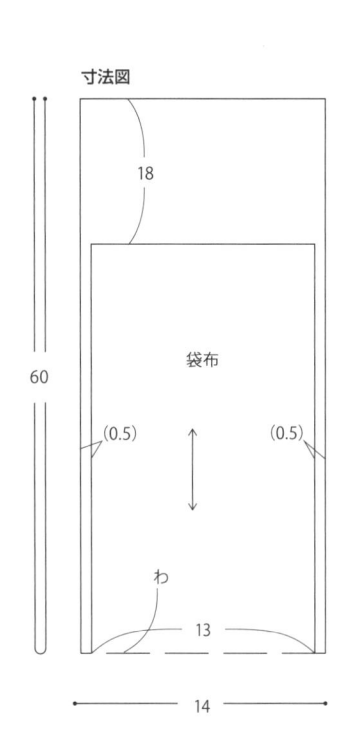

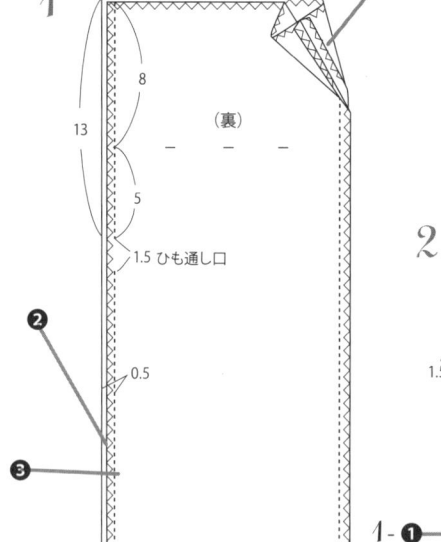

ボタン付き小袋・・・Photo P. 25　Chart P. 23

材料
- 刺しゅう布　麻布（アイボリー）14×32cm
- 直径1cmの平ボタン1個
- 25番刺しゅう糸

出来上がりサイズ
底4×9cm　深さ13cm

- （　）内は縫い代
- 単位はcm

作り方

1.
   1. P. 23を参照して刺しゅう布に刺しゅうをする。
   2. 布端をロックミシンまたはジグザグミシンで始末する。
   3. 底から二つ折りにして両脇を縫う。
   4. マチを縫う。〈2ヶ所〉

2.
   1. 入れ口を折り、アイロンで押さえる。
   2. ボタンを刺しゅう糸で縫いつける。
   3. 糸端に玉結びをし、①の折り山の裏から糸を出す。ボタンに掛けてちょうど良い長さにループを決めて裏側で玉どめをする（ボタンつけと同じ糸でボタンループを作る）。

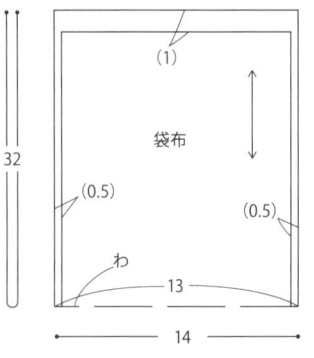

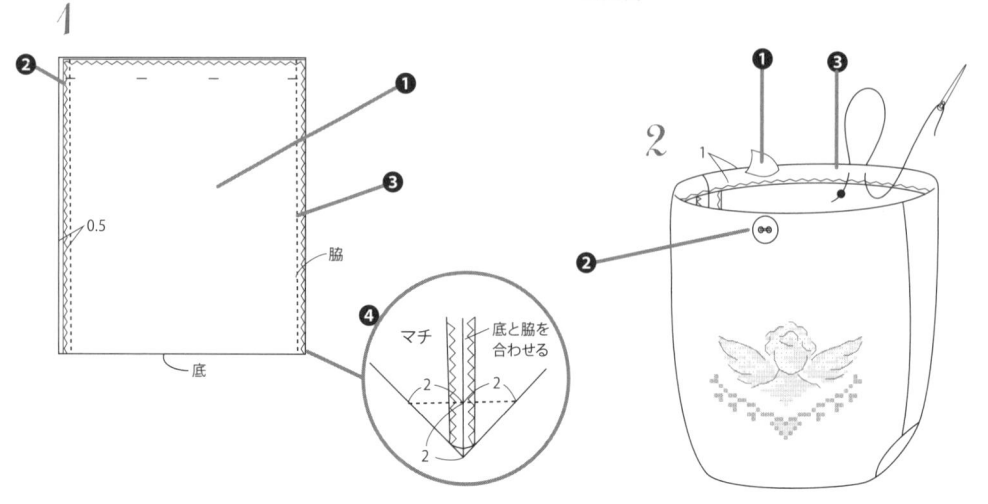

ゲストブックとしおり・・・Photo P.16　Chart P.17

材料
- 刺しゅう布　麻布（アイボリー）76×32cm
- 裏布（ピンク）76×32cm
- 幅0.5cm位のリボン白20cm、クリーム色15cm
- 25番刺しゅう糸

出来上がりサイズ
22×29×3cmの本用

- しおりはP. の型紙参照して刺しゅう布、裏布を各1枚裁つ
- カバーの縫い代は1cm
- 単位はcm

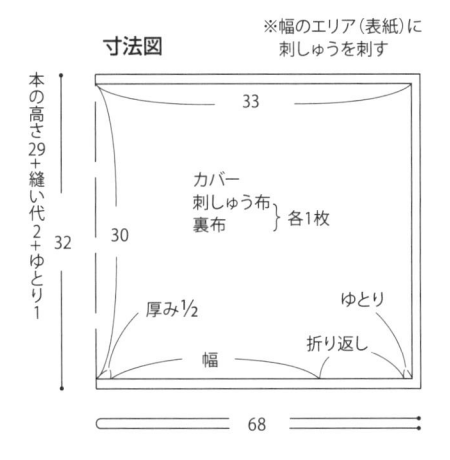

作り方

1.
   ① P.17を参照してしおりとカバーの刺しゅう布に刺しゅうをする。
   ② しおりの刺しゅう布と裏布を中表に合わせ、リボンをはさんで返し口を残して縫う。

2.
   ① 表に返して返し口をとじる。
   ② クリーム色のリボンを蝶結びでつける。

3. カバーの刺しゅう布と裏布を中表に合わせ、しおりのリボンをはさんで返し口を残して縫う。

4.
   ① 表に返して返し口をとじる。
   ② 本にかぶせて折り返しの確認をしてから、両端を折り返して縫う。

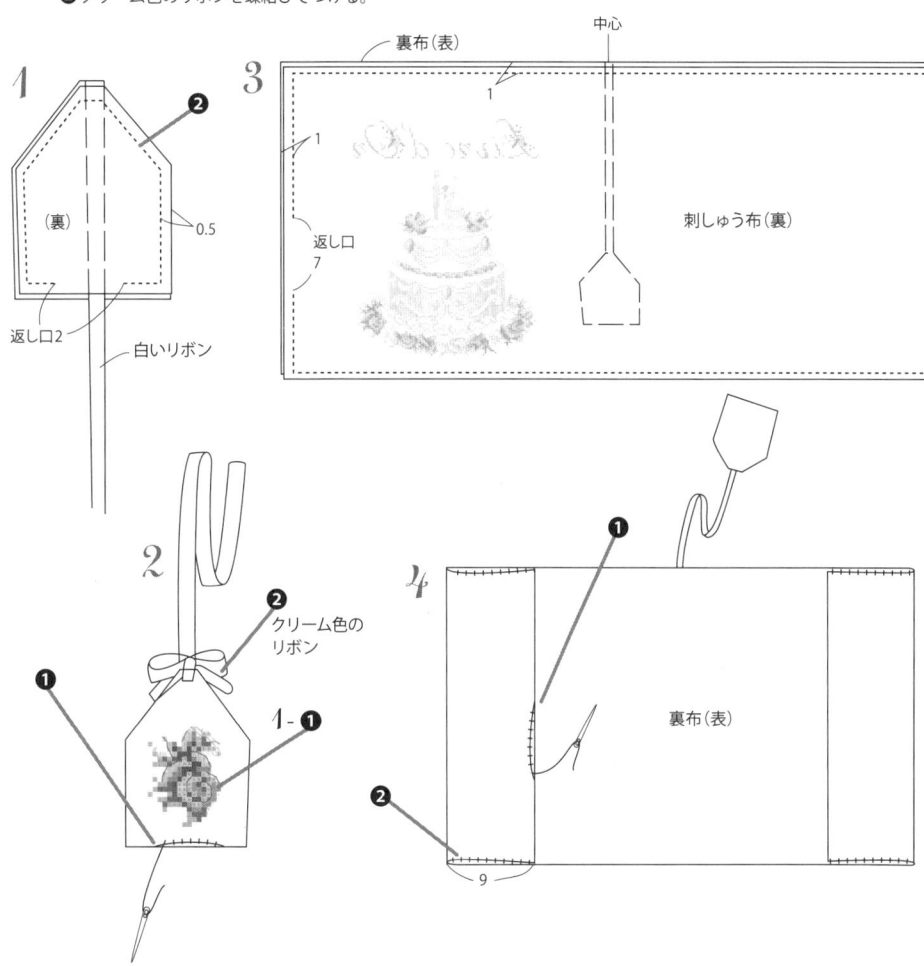

リングピロー・・・Photo P.24　Chart P.27

材料
- 刺しゅう布　麻布（アイボリー）15×13cm
- 後ろ布（生成り地にピンクの花柄）15×13cm
- 25番刺しゅう糸
- 化繊綿

出来上がりサイズ
13×11cm

- 縫い代は1cm
- 単位はcm

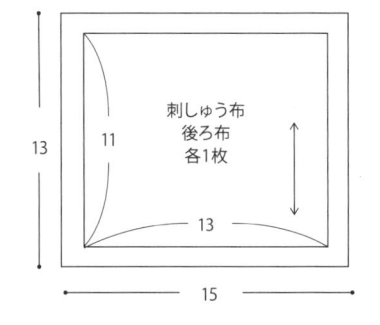

作り方

1.
   ① P.27を参照して刺しゅう布に刺しゅうをする。
   ② 刺しゅう布と後ろ布を中表に合わせて返し口を残して縫う。

2. 表に返して綿を詰め、返し口をとじる。

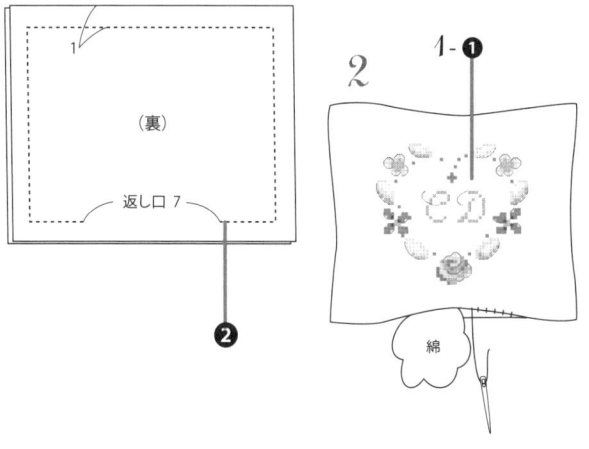

丸バッグ・・・Photo P. 34　Chart P. 35

材料
- 刺しゅう布　麻布（アイボリー）30×30cm
- サッカー地（白地にマルチカラーのストライプ）90×25cm
- 薄手接着芯6×30cm
- 長さ30cmのファスナー（白）1本
- タッセル適宜
- 25番刺しゅう糸

出来上がりサイズ
直径21cm、厚さ7cm

- ( )内は縫い代、指定以外は1cm
- 単位はcm

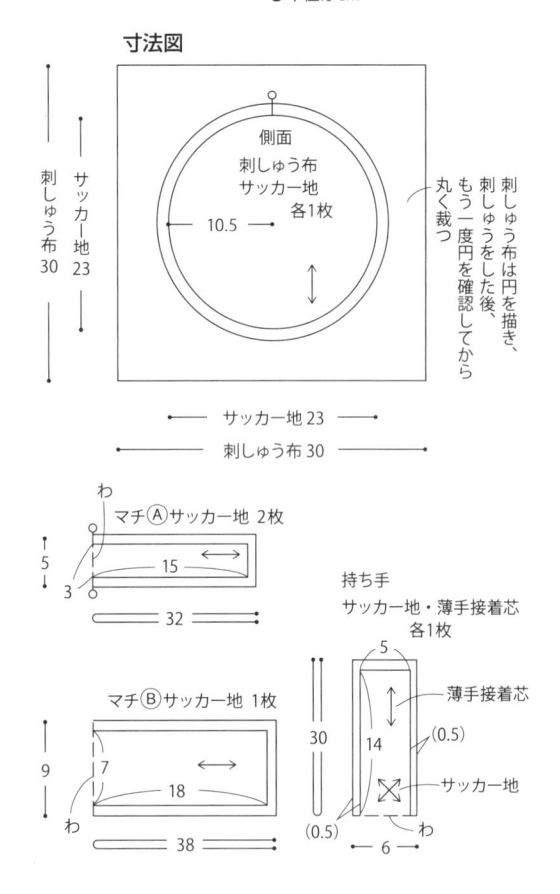

作り方

1. P.35を参照して刺しゅう布に刺しゅうをする。
2. マチにファスナーを縫いつける。
3. マチとマチを中表に合わせ、両脇を縫ってわにする。
4. ❶持ち手の裏に薄手接着芯をアイロンで貼る。❷中表に折って縫う。❸表に返して図の様に整える。
5. 側面とマチを中表に合わせて持ち手をはさんで縫う（合印を合わせる）。
6. 表に返して好みでファスナーつまみにタッセル等をつける。

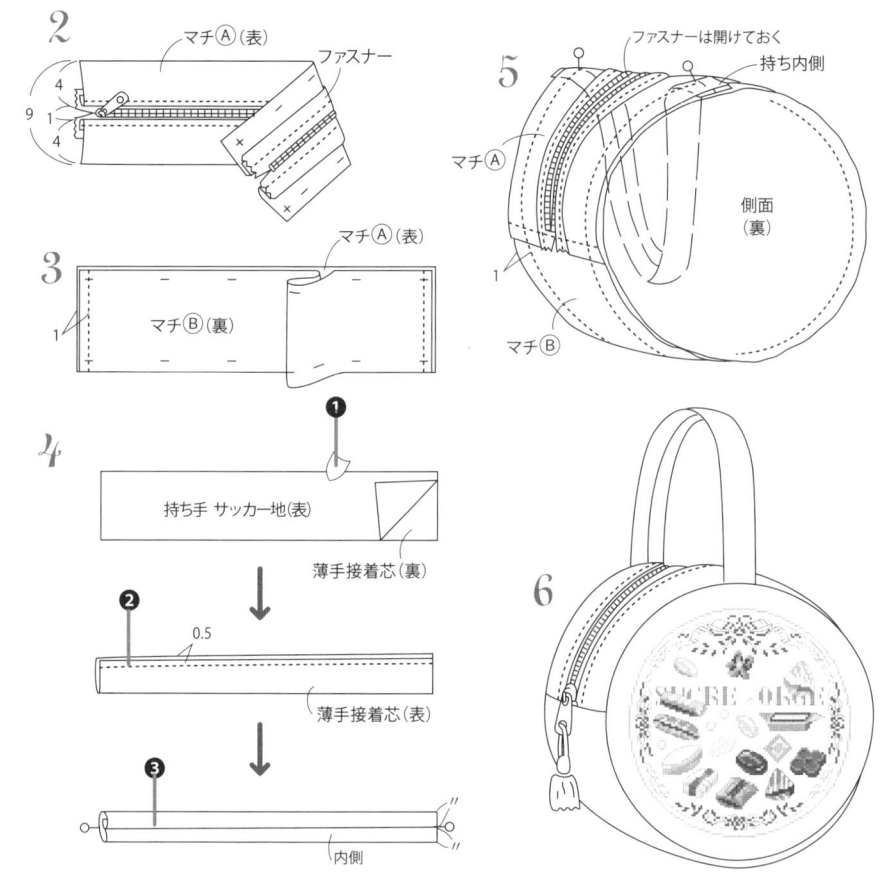

ピンクッション・・・Photo P.65　Chart P.67

材料
- 刺しゅう布　麻布（アイボリー）8×8cm
- 後ろ布（グリーン地にピンクや黄色の花柄）8×8cm
- 幅0.5cm位のリボン12cm
- 25番刺しゅう糸
- 化繊綿

出来上がりサイズ
7×7cm

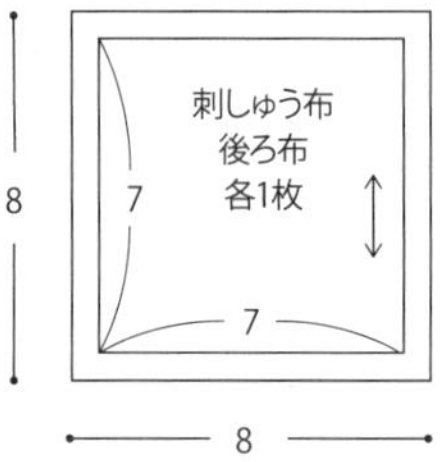

- 縫い代は0.5cm
- 単位はcm

作り方

1. ❶P.67を参照して刺しゅう布に刺しゅうをする。❷刺しゅう布と後ろ布を中表に合わせ、リボンを角にはさんで返し口を残して縫う。
2. 表に返して綿を詰め、返し口をとじる。

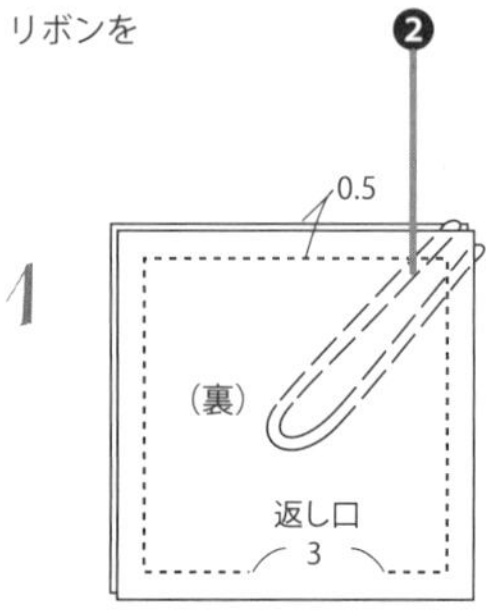

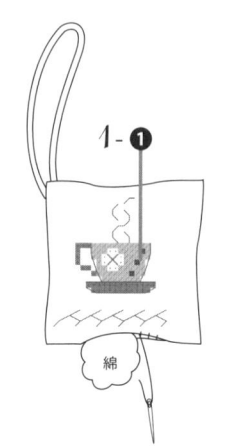

ボストンバッグ・・・Photo P.121　Chart P.122 & 123

材料
- 刺しゅう布（A）麻布（アイボリー）43×37cm
- 木綿布B（白地にマルチカラー水玉模様）88×33cm
- 木綿布C（濃いピンク）43×10cm
- 長さ50cmのファスナー（白）1本
- 25番刺しゅう糸

出来上がりサイズ
34×21.5cm、厚さ8cm

- （　）内は縫い代、指定以外は1cm
- 単位はcm

A　刺しゅうをした後、刺しゅうより1cm位外側にラインを描く（左右対称になる様に注意）

作り方
1. P.122 & 123を参照して刺しゅう布に刺しゅうをする。
2. マチにファスナーを縫いつける。
3. マチとマチを中表に合わせ、片側の脇を縫う。
4. 持ち手AとCを中表に合わせて縫い、表に返し2本作る。
5. ❶側面とマチを中表に合わせて持ち手をはさみ、4で縫っていない側を図の様に残して縫う（合印を合わせる）。
   ❷マチの長さを確認してからマチとマチを中表に合わせて縫う。
   ❸余ったマチを切り取る。
   ❹縫い残している側面とマチを縫う。
6. 表に返す。

タペストリー・・・Photo P.104　Chart P.106 & 107

材料
- 刺しゅう布　麻布（アイボリー）48×34cm
- 木綿布ー裏布（アイボリー）48×34cm
- 幅2cmのバイアステープ4種類（写真参照）各18cm
- 幅0.6cmのジャバラテープ
- 25番刺しゅう糸

出来上がりサイズ
46×32cm

- 縫い代は1cm
- 単位はcm

作り方
1. ❶P.106 & 107を参照して刺しゅう布に刺しゅうをする。
   ❷刺しゅう布と裏布を中表に合わせ、二つ折りにしたバイアステープをはさんで返し口を残して縫う。
2. ❶表に返して返し口をとじる。
   ❷周囲にジャバラテープを縫いつける。

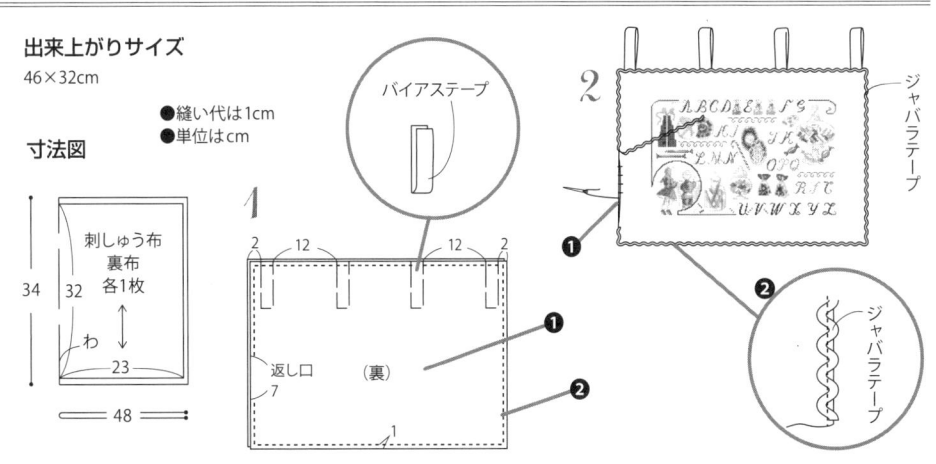

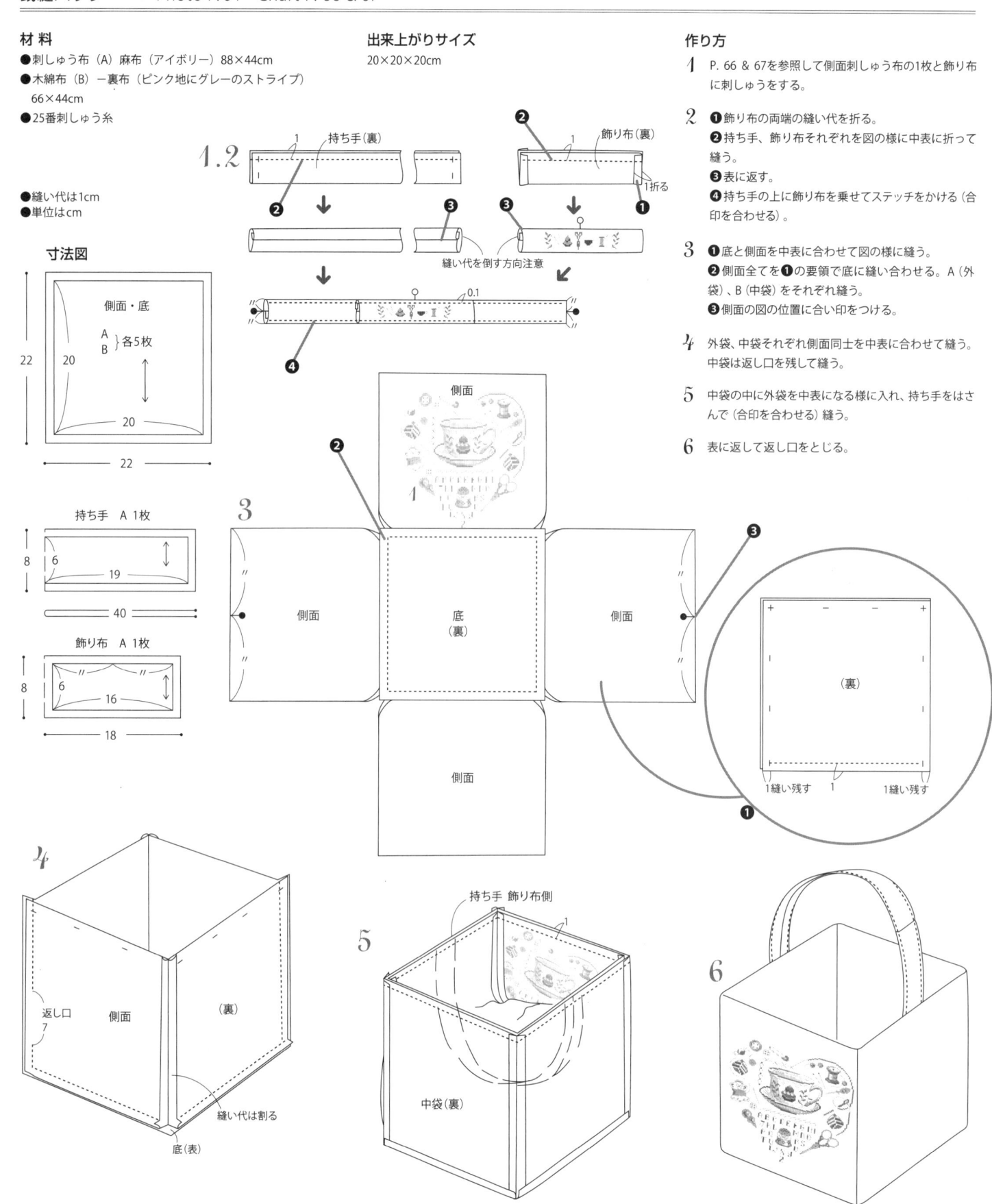

裁縫バッグ・・・Photo P. 64　Chart P. 66 & 67

材料
- 刺しゅう布（A）麻布（アイボリー）88×44cm
- 木綿布（B）－裏布（ピンク地にグレーのストライプ）
  66×44cm
- 25番刺しゅう糸

- 縫い代は1cm
- 単位はcm

出来上がりサイズ
20×20×20cm

作り方

1. P. 66 & 67を参照して側面刺しゅう布の1枚と飾り布に刺しゅうをする。

2. ❶飾り布の両端の縫い代を折る。
   ❷持ち手、飾り布それぞれを図の様に中表に折って縫う。
   ❸表に返す。
   ❹持ち手の上に飾り布を乗せてステッチをかける（合印を合わせる）。

3. ❶底と側面を中表に合わせて図の様に縫う。
   ❷側面全てを❶の要領で底に縫い合わせる。A（外袋）、B（中袋）をそれぞれ縫う。
   ❸側面の図の位置に合い印をつける。

4. 外袋、中袋それぞれ側面同士を中表に合わせて縫う。中袋は返し口を残して縫う。

5. 中袋の中に外袋を中表になる様に入れ、持ち手をはさんで（合印を合わせる）縫う。

6. 表に返して返し口をとじる。

寸法図

側面・底 A B 各5枚 20×20 （22×22）

持ち手 A 1枚 8×40（6×19）

飾り布 A 1枚 8×18（6×16）

ニードルケース・・・Photo P.65　Chart P.67

材料
- 刺しゅう布　麻布（アイボリー）22×14cm
- 木綿布－裏布（グリーン地にピンクや黄色の花柄）22×14cm
- フェルト　16×11cm
- 直径1cm位の足付きボタン1個
- 25番刺しゅう糸

●（　）内は縫い代、指定以外は1cm
●単位はcm

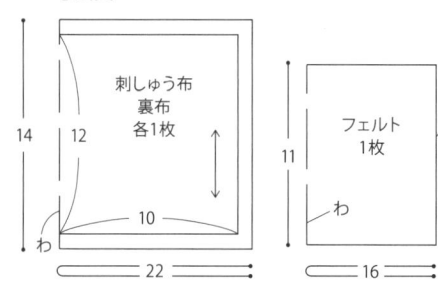

出来上がりサイズ
10×12cm（二つ折り時）

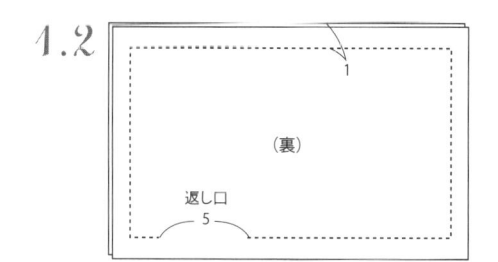

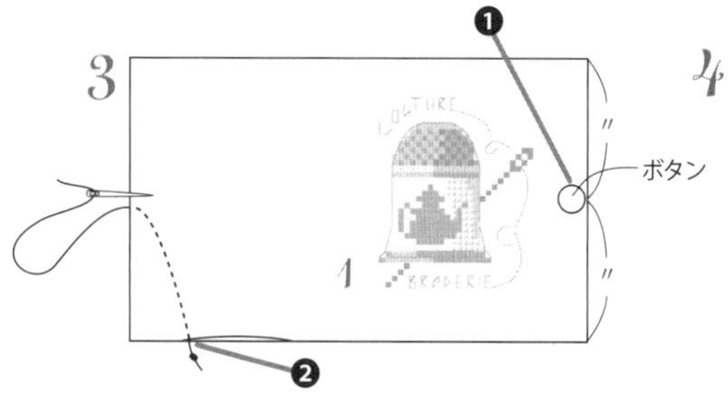

作り方
1. P.67を参照して刺しゅう布に刺しゅうをする。
2. 刺しゅう布と裏布を中表に合わせて返し口を残して縫う。
3. ①表に返してボタンを縫いつける
   ②糸端に玉結びをし、返し口から針を入れ、刺しゅう布の折り山に糸を出す。ボタンに掛けてちょうど良い長さにループを決めて裏側で玉どめをする。
   （刺しゅう糸6本どりでボタンループを作る）
4. ①表に返して返し口をとじる。
   ②フェルトを中心で縫いつける。

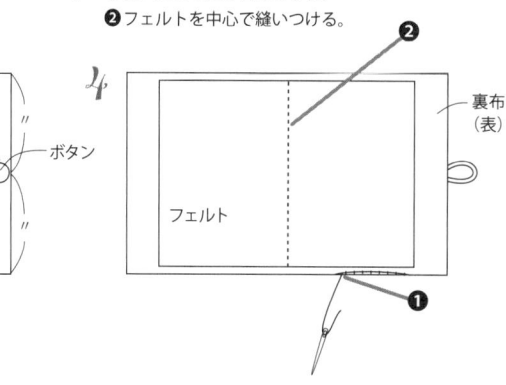

ポーチ・・・Photo P.114　Chart P.115

材料
- 刺しゅう布　麻布（アイボリー）25×15cm
- 木綿布（グリーン地に白の水玉模様）42×40cm
- 長さ20cmのファスナー（白）1本
- チャーム適宜
- 25番刺しゅう糸

●縫い代は0.5cm
●単位はcm

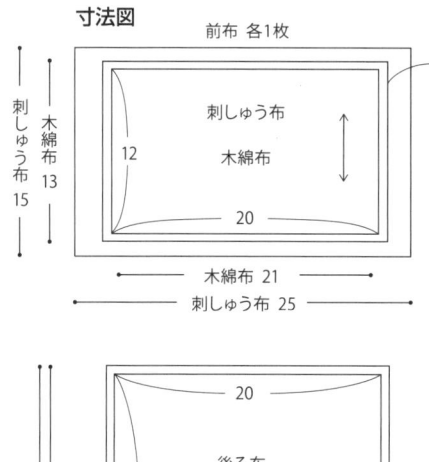

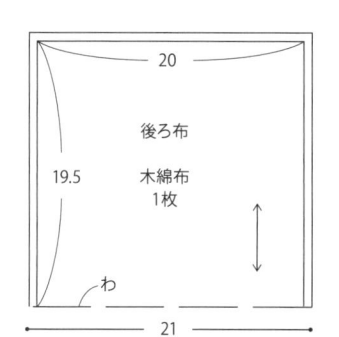

出来上がりサイズ
20×14.5cm

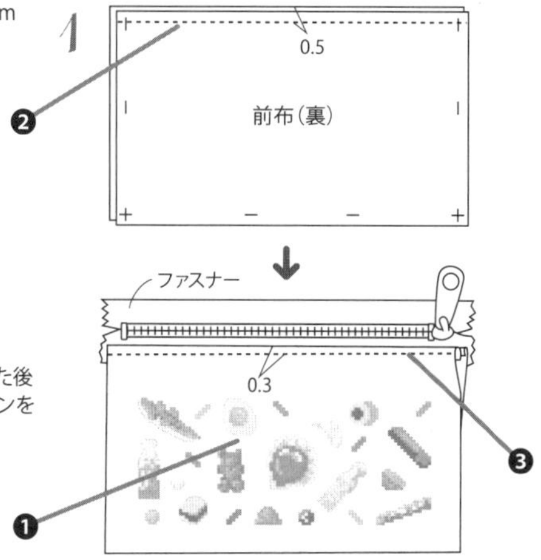

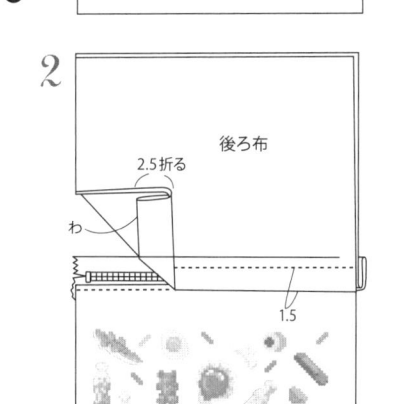

作り方
1. ①P.115を参照して刺しゅう布に刺しゅうをする。
   ②前布2枚を中表に合わせて縫う。
   ③ファスナーを縫いつける。
2. 後ろ布のわにした側を図の様に折り、ファスナーを縫いつける。
3. 二つ折りにして縫う。
4. 表に返して好みでファスナーつまみにチャーム等をつける。

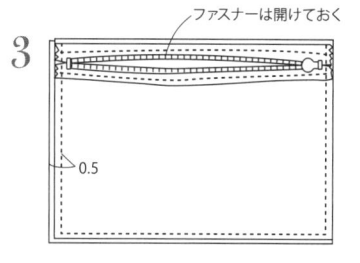

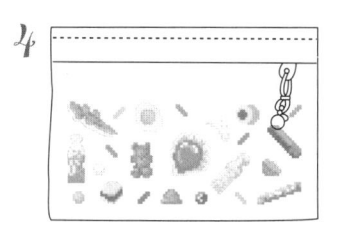

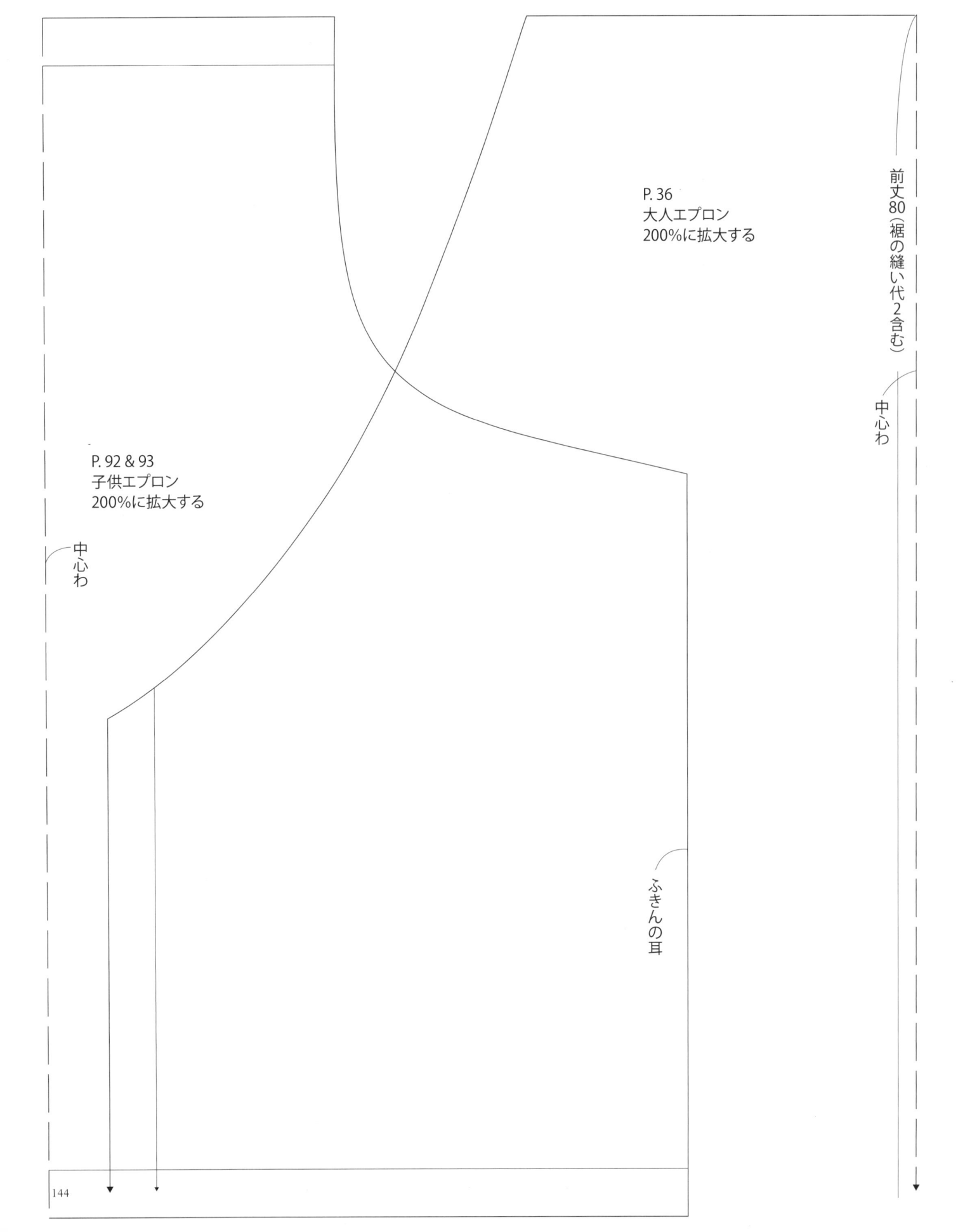

P. 36
大人エプロン
200%に拡大する

P. 92 & 93
子供エプロン
200%に拡大する

中心わ

前丈80（裾の縫い代2含む）

中心わ

ふきんの耳